元国税局芸人が教える

読めば必ず得する税金の話

元国税局／ファイナンシャルプランナー／
よしもと芸人 さんきゅう倉田

SOGO HOREI PUBLISHING CO., LTD

まえがき

義務教育で税金について扱われるのは稀だ。

子どもたちには、税金について学ぶ機会がほとんどない。そのまま成長し、アルバイトをするようになり、大人になって社会に出ても、税を理解することはない。

支給された給与から、自動的に源泉徴収され、「税金ってこんなに取られるの？」と疑問に思うだろう。社会人2年目で住民税が給与から天引きされれば、「住民税って高い」と言うだろう。

正しく理解していない人間の税との関わりとはそんなものだ。それは、あなたが悪いわけでも、親が悪いわけでもない。

僕は、8年ほど前に国税局を退職した。退職して、すぐに芸人になった。芸人になってからも、税についての知識の習得を怠らなかった。SNSで若者や会社員、個人事業者に役立つ情報を流し続けた。

ときには、税法や国税庁がホームページに掲載している資料を、大幅に割愛することもあった。

情報を転載するのが僕の役割ではない。断片的にでも伝えるのが、僕の役割だからだと考えているからだ。

僕が発信した情報が、少しでも、あなたに役立つ情報だと思ったら、さらに深く知るためにウェブ上で検索していただきたい。

情報を知っていると知らないとでは、生き方に差が出る。

インフォメーションとインテリジェンスは、きっとあなたを有利な方向へと導くはずだ。

この本では、とくに会社員やパート・アルバイトが知るべき情報を中心に構成した。一部、個人事業者のための情報も記載しているが、会社員として社会でサバイバルするためには、必須の知識だと考えている。

税の情報は難しい。それで知識を得ることを諦めてしまうのは、僕もみなさんも同じだ。

だから、少しでも読んでもらうために、すべての情報を、有名な漫画の事例に当てはめることにした。税法上の解説も記載しているが、漫画の事例部分だけでも読んでいただければ、きっと脳に残る。

それを、数年後に、税に興味を持ったときに自ら調べてもらえばいい。そんな経験をしてもらうためにこの本を書きました。

さんきゅう倉田

元国税局芸人が教える
読めば必ず得する税金の話
目次

第1章

10分でわかる税金のきほん

第2章

税金が安くなる！今すぐ利用したい得する控除

第3章　所得の特徴を押さえよう

第4章 経費・減価償却 会社にまつわる税金の知識

第5章

相続税・贈与税で得する

第6章

知っておきたい消費税と税金の法律の話

※本書で紹介する作品には、外国、宇宙、異世界を舞台にしたものがありますが、すべての作品に日本の2017年時点での税法を適用しています。また、特に記載がない場合、問題は税法上の取扱いに関するものとなっています。

第1章

10分でわかる税金のきほん

01 税金とは日本というグループに支払う「会費」

「税金のことを知りたい」「得をしたい」と思ったらまずは、税金とは何かという基本的なことから考えてみましょう。

税金については、「国民の義務である」と、学校で習ったと思います。

憲法第30条には「国民は、法律の定めるところにより、納税の義務を負ふ」と定められています。

福沢諭吉さんは『学問のすすめ』で「税金とは国と国民との約束である」と言いました。

また、「税金とは社会に対する会費である」とも言われています。

何かしらの集団を運営するには、お金がかかります。趣味のサークルや同窓会などの小さな集団でも、その集団に入りたければ会費を払わなければいけません。

税金は日本というグループに入るための「会費」なのです。

現在の日本では、お金をたくさん稼ぐことが悪いこととされる風潮があります。しかし、実際はお金持ちがほとんどの税金を払っていて、所得の低い人はすこぶる恩恵を受けています。

年収1000万円以上の人は労働者全体の4%程度で、彼らが納めた所得税は、日本の所得税の約半分になるというデータもあります。

効率よく稼ぎ、税を負担している人たちに敬意を払えば、払っていない人たちももっと過ごしやすく快適で文化的な生活を送ることができるでしょう。

02

税金はこんなことに使われている

学校、警察、消防、医療、道路、信号、図書館、公務員の給料など、**私たちが納めている税金は生活に欠かせないありとあらゆるところに使われています。**

小中学校の教科書は無料、授業料も無料です。警察にお金を支払うこともありませんし、火事で消防車を呼んでもお金はかかりません。病院に行って治療しても、治療費は3割の負担で済みます。あなたが毎日歩いている道路も税金で作られています。

そういった、公的な施設で働く人や公務員、国会議員の人たちは、税金で給料を払うことで、働いてくれています。

それでは、もしも税金がなかったら、私たちはどんな世界で生きていくことになるのでしょうか？　本書のページ下に「もしも税金がなかったら起きるであろうこと」を記載しました。本文の箸休めとして、お楽しみください。

図表１　税金はこんなことに使われている

教育

小中学校の授業料、教科書が無料。

警察

事件・事故のときに警察官が対応してくれる。

医療

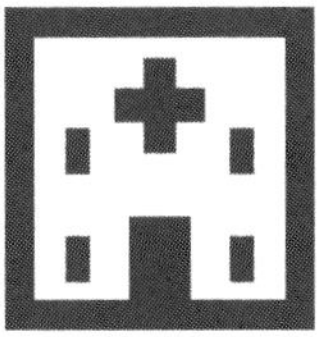

病院で治療を受けても、治療費は３割の負担でOK。

図書館

図書館では、無料で本やCDを借りられる。

道路

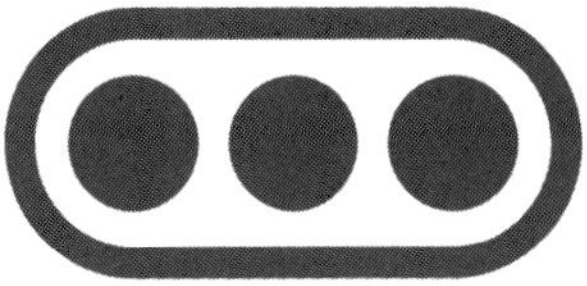

信号や道路も税金で作られている。

議員・公務員

国会議員や公務員の給料は税金でまかなわれている。

if…

もし日本に税金がなく、学校に使われるお金が減ったら……
９時登校 11 時下校。

03 主な税金を1分で理解しよう

現在、日本には約50種類の税金があります。

国に納める国税が24種類、地方自治体に納める地方税が約25種類ですが、都道府県ごとに定められている地方税は地域によって若干の違いがあり、税金に携わる職業の人でもすべてを把握している人は稀です。

また、江戸時代には約1500種類の税金があったそうです。

ここでは、50種類の税金の中で、みなさんの生活に大きく関わり、社会人として知っておくべき7つの税金を紹介します。**この7つさえ知っていれば、一般的な社会生活を送る上で恥をかくことはないでしょう。**

図表2　主な7種類の税金

所得税

所得にかかる税金。
所得は10種類ある。所得についてはP.20参照。

法人税

法人の所得にかかる税金。

印紙税

印紙を貼って納める税金。
印紙を貼ることが義務付けられている書類がある。

住民税

所得にかかる税金。
地方自治体に納める。

相続税

亡くなった人から財産をもらったときにかかる税金。

贈与税

生きている人から財産をもらったときにかかる税金。

消費税

物を買ったり、サービスを受けたりしたときに、支払った金額の８％を負担する税金。
納めるのではなく負担している。納めるのは商売をしている人や会社。
８％の内訳は、消費税（6.3％）＋地方消費税（1.7％）

if...

もし日本に税金がなく、学校に使われるお金が減ったら……
校長先生がガリガリ。

04 所得の種類は10個ある

所得とは、収入から経費を引いたものです。会社から給料をもらったり、自営業で物を売ったり、マンションの賃貸料をもらったりと、**所得はその性質によって10種類に分かれています。**それぞれに課税の方法も異なりますので、自分が得た所得が10種類のうち、どれに該当するかを把握しておく必要があります。

10種類の説明の前に、もっとも身近な2つの所得について簡単に紹介します。

(1) 給与所得…会社員、パート・アルバイトの人の給料。納める税金は収入によって金額が変わります。勤務先が計算してくれているので、気にする必要はありません。

(2) 事業所得…いわゆる自営業やフリーランスと呼ばれる個人事業です。年間の旅費交通費や接待交際費などの合計が経費になります。

その他の所得は次のページで紹介しています。

図表3　10種類の所得

if...

もし日本に税金がなく、学校に使われるお金が減ったら……
教室のロッカーが1時間100円。

05 節税するなら忘れることなかれ 主な控除

控除とはなんでしょう。広辞苑には、「金額・数量をさしひくこと」とあります。確定申告に関わる「控除」は、所得から差し引くことができるお金のことをいいます。所得に税率を掛けると、所得税が計算できます。所得から差し引く控除が多ければ、納める所得税が少なくなります。

つまり、**控除が多ければ多いほど、みなさんは得をするわけです。**控除は、たくさんあって、それぞれ条件や控除金額が異なります。

代表的な控除は、年金や健康保険料の支払金額を控除できる社会保険料控除や、扶養家族がいるときの扶養控除など。あまり知られていませんが、盗難や災害に遭ったときにも控除があります。

図表4-1 主な控除と控除金額

控除の種類	控除金額	解説
雑損控除(P.60参照)	①損失－所得の10% ②(損失のうち災害関連)－5万円	お金や物が、災害、盗難、横領によって損害を受けたときに受けられる。
医療費控除(P.64参照)	最大200万円	医療費を支払ったときに受けられる。年間で10万円を超えると控除。配偶者や子ども、親の分も合計して控除できる。
社会保険料控除(P.76参照)	支払った保険料の額	年金や健康保険を支払ったときに受けられる。配偶者や子ども、親の分も合計して控除できる。
小規模企業共済等掛金控除	支払った掛金の額	確定拠出年金(iDeCo、DC、401K)や小規模企業共済の掛け金を支払ったときに受けられる。
生命保険料控除(P.52参照)	最大12万円	生命保険料、介護医療保険料、個人年金保険料を支払ったときに受けられる。
地震保険料控除	最大5万円	地震保険を支払ったときに受けられる。

if...

もし日本に税金がなく、学校に使われるお金が減ったら……
チョークの代わりに、指を濡らして黒板に書く。

図表4-2　主な控除と控除金額

控除の種類	控除金額	解説
寄付金控除 （P.56参照）	寄付金の額－ 2千円 （例外あり）	国や地方公共団体、公益社団法人、公益財団法人、政党への寄付金が控除できる。流行りの「ふるさと納税」も該当。
寡婦控除 （P.48参照）	一般27万円 特別35万円	夫と死別・離婚している寡婦のときに受けられる。
寡夫控除 （P.48参照）	一般27万円	妻と死別・離婚している寡夫のときに受けられる。
勤労学生控除	27万円	扶養を外れた学生で、給与がそれほど多くなければ受けられる可能性がある。
障害者控除	27万円 特別40万円 同居特別75万円	あなた、あなたの配偶者で所得が38万円以下の人、扶養親族が所得税法上の障害者のときは、控除を受けられる。扶養控除の適用がない16歳未満の子どもでも対象になる。

図表4-3　主な控除と控除金額

控除の種類	控除金額	解説
配偶者控除（P.44参照）	一般38万円 70歳以上48万円	妻や夫がいると受けられる。 ※平成30年分以後は、所得によって控除金額が変わる。 所得900万～950万円→一般26万円、70歳以上32万円 所得950万～1,000万円→一般13万円、70歳以上16万円 所得が1,000万円を超える場合は受けられない。
配偶者特別控除（P.44参照）	最大38万円	38万円以上の収入がある配偶者がいるとき、配偶者の収入に応じて控除が受けられる。
扶養控除	16歳以上38万円 19～23歳63万円 70歳以上48万円 70歳以上で同居58万円	扶養親族がいると受けられる。
基礎控除	38万円	誰でも受けられる。

if...

もし日本に税金がなく、学校に使われるお金が減ったら……
3時間目から課金。

06 答えられる？年末調整と確定申告の違い

会社はあなたに給与を支払うとき、所得税の源泉徴収を行っています。**源泉徴収というのは、給与から所得税を天引きすること**。給与明細を見れば、いくら源泉徴収で天引きされているのかがわかります。

でも、会社が1年間に源泉徴収をした所得税（甲）は、あなたが1年間に納めなければいけない所得税（乙）と同じになりません。会社はほんのちょっぴり多く源泉徴収していますので、甲の方が多くなります。12月になり、あなたの年収が確定したら、この甲と乙を同じにする手続きを行います。**これが、年末調整です**。

ほとんどの場合、年末調整によって、所得税が還付されます。年末調整の手続きにおいて、あなたは何もする必要がありません。

1年間の所得と所得税を計算し、3月15日までに税務署に確定申告書を提出して、納税する手続きが、所得税の**確定申告**です。会社員の方なら、年末調整されたあとに源泉徴収票がもらえるので、それを使って確定申告をします。

所得税以外にも、法人税や消費税、相続税、贈与税の確定申告があります。会社員として一般的な生活を送るのであれば、所得税以外の確定申告はする機会がないかもしれません。**会社員の方が、所得税の確定申告をするのは、医療費控除を受ける場合、ふるさと納税がたくさんある場合、給与所得以外の所得があった場合などです。**やり方がわからなくても、税務署に行けば、無料で優しく教えてもらえます。

また、税理士の先生にお金を払って確定申告をやってもらうこともできます。有料ですが、節税のアドバイスもしてくれるので、所得の多い方や、給与所得以外の所得のある方は、一度相談に行ってみるといいかもしれません。どんな税理士の先生と契約すればいいかわからない方は、紹介できますので、僕にご相談ください。

つまり、**年末調整は会社がやってくれる手続き、確定申告はあなた自身がやる手続きになります。**

if…

もし日本に税金がなく、学校に使われるお金が減ったら……
プリントはみんなで回して読む。

07 ぜんぜん違う　所得控除と税額控除

所得控除は、所得を計算した後、所得から差し引く基礎控除や配偶者控除、医療費控除のことです。

一方、**税額控除は、所得税額を計算した後、税額から直接差し引く控除です。**住宅を購入したときの住宅借入金等特別控除などがこれにあたります。

日本の所得税は所得が高いほど税率が上がる累進課税制度なので、**所得控除はお金持ちの方が有利（①）、税額控除は、所得の低い方が有利（②）になります。**

例えば、①所得が1000万円の人は、最大で33％の税率で所得税を払います。**所得控除が5万円あれば、**5万円の33％、**1万6500円の所得税が減ります。**

②所得が200万円の人は、最大で10％の税率で所得税を払います。**所得控除が5万円あれば、**5万円の10％、**5000円の所得税が減ります。**

図表5　確定申告書の見方

確定申告書の一部抜粋

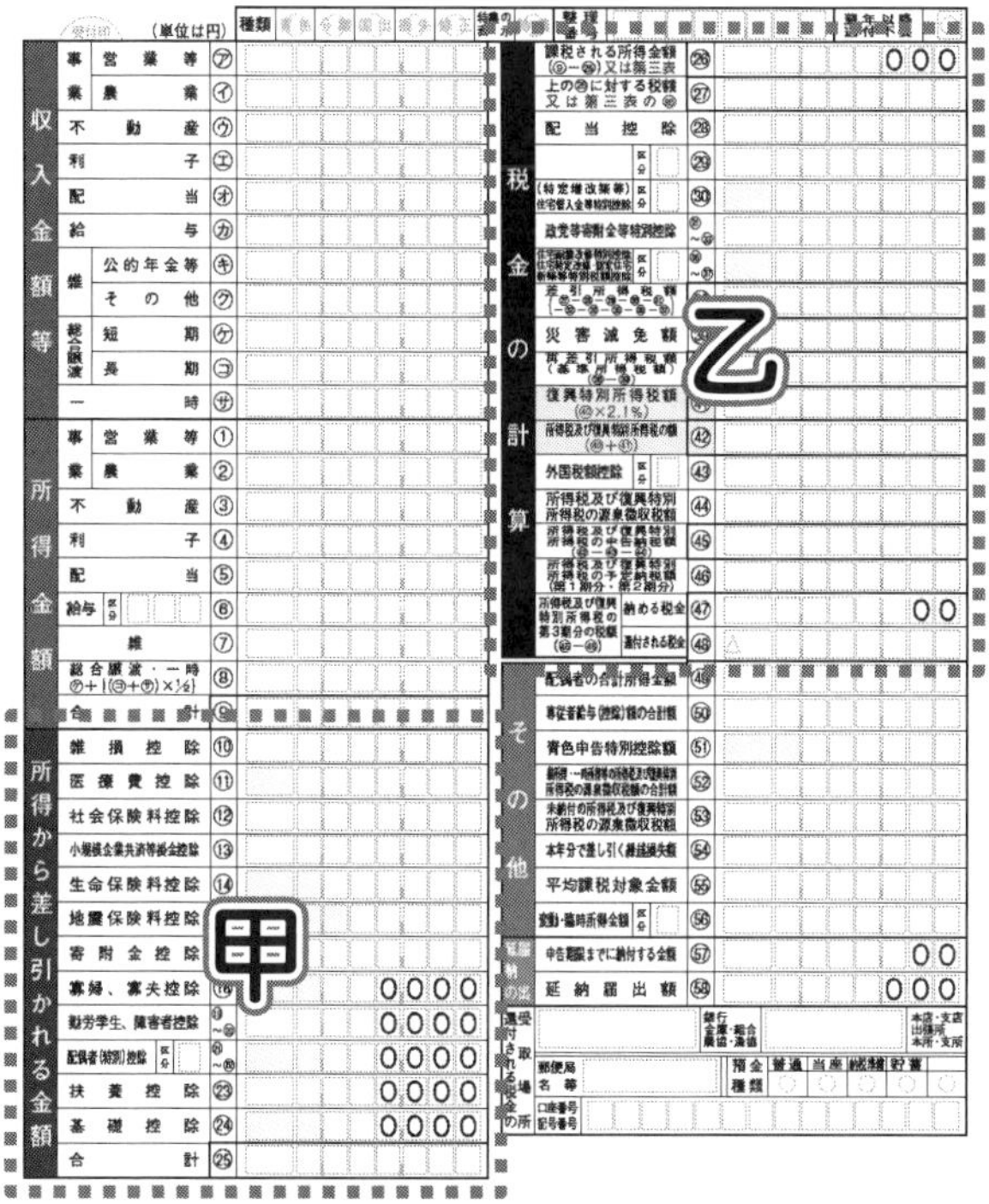

確定申告書の甲で控除するのが所得控除。
乙で控除するのが税額控除。

所得控除は所得が高い人が有利。
税額控除は所得が低い人が有利。

if...

もし日本に税金がなく、学校に使われるお金が減ったら……
運動場の一番端っこでお弁当を食べて遠足とする。

08 給与と給料と賞与の違い

会社員であれば、ほぼ毎月もらう給料。給与と言ったり、ボーナスは賞与と言ったりします。これらは、言葉は似ていますが、意味合いがほんのちょっぴり違います。

給料＝基本給

給与＝給料＋残業手当など

賞与＝ボーナス

賃金＝労働の対価として支払われるもの

給料と給与と賃金は、ほとんど同じものです。それぞれを言い間違えても特段の問題はありません。ただ、賞与は全然違うものなので、それだけ覚えておけば十分です。

ちなみに、昇格はクラスが上がること、昇級もクラスが上がること、昇給は給料が上がること、昇進は地位が上がることです。

図表６　給与明細に見る給与と給料の違い

給与明細書

❶給料

支給	基本給	職能給	役職手当		
	200,000	0	0		
	時間外手当	通勤手当	住宅手当	家族手当	総支給額
	18,750	10,000	5,000	0	233,750

❷給与

控除	健康保険	介護保険	厚生年金	雇用保険	社会保険計
	11,952	0	21,393	1,169	34,514
	所得税	住民税	組合費	財形貯蓄	控除額計
	3,000	0	1,000	10,000	48,514

勤怠	出勤日数	欠勤日数	遅刻日数	早退日数	課税所得
	20	0	0	0	209,236
	超過勤務時間	有給消化日数			差引支給額
	10	0			185,236

❶給料
基本給。毎月変動がない
❷給与
給料に残業代や住宅手当といった手当を加えたもの

※賞与は毎月の給与とは別に支払われるボーナスのこと

if...

もし日本に税金がなく、学校に使われるお金が減ったら……
野球部が打ったボールをテニス部が打ち落としバレー部がレシーブする。

09 節税と脱税と租税回避の縮税三兄弟

納税額を減らすように工夫しようとすると、その方法は3種類に分けられます。合法なもの、非合法なもの、曖昧なもの。それら3つをかんたんに紹介します。

節税

納税が少なくなるように合法的にがんばること。

経費で物を買い、特例などを活用することで、納税額を下げる方法です。独学で勉強するか、税理士の先生に依頼して行います。

脱税

ルールを破って納税を減らすこと。

厳密にいうと、国税局の査察部に強制調査を受けて逮捕されるような事案が脱税になります。

税務署や国税局の税務調査で、重加算税の対象となるような否認事項があっても、脱税にはなりません。それらが報道された場合は「所得隠し」と表現されます。

租税回避

圧倒的に大きな会社が、税率の低い国や各国の税法の違いを利用して、納税を減らすこと。

基本的に、国際的な企業が資金や優秀な人材を使って、とてつもなくよく練られたスキームを考えて行います。

これらのスキームは、ほかのグローバル企業も模倣して行うようになりますが、中小企業では、コストに見合ったパフォーマンスが得られないので、大企業のみが行い、大きな会社になればなるほど法人税の納税率が下がることが問題視されています。

if...
もし日本に税金がなく、学校に使われるお金が減ったら……
パン食い競争のパンに領収証が付いている。

10 社長たちが震え戦く税務調査

税務調査とは、確定申告の内容が正しいか、帳簿や証拠書類を確認するものです。確定申告をしない会社員の方には縁がありませんが、会社や個人事業者には税務調査が行われ、その結果、税金を追加で納めることになります。

所得税も法人税も消費税も贈与税も相続税も、確定申告をすれば税務調査がありま す。事前に連絡があって調査の日程を決めることもあれば、いきなり会社にやってくることもあります。

調査官がやってきたら、確定申告書を作るために使った書類を見せます。いわゆる、「帳簿」です。帳簿には、損益計算書、貸借対照表、総勘定元帳が含まれ、これら以外にも、領収証や請求書、見積書、契約書、パソコンのデータ、従業員に関する資料、預金通帳を確認します。

確認して誤りがあれば、後日、確定申告をやり直します。これが「修正申告」です。修正申告をすると、加算税や延滞税がかかるので、支払う税金が最初から正しく申告していた場合より増えます。調査は、大きな会社でなければ、半日～2日で終わります。その後は、電話やFAXでやりとりをして、修正申告をし、納税すると終了です。

あなたの会社にやってくる調査以外に、取引先に行く「反面調査」や、あなたがお店をやっていれば調査の連絡をする前にこっそり来店する「内観調査」があります。内観調査では、飲食店であれば食事をし、美容院であれば髪を切り、パチンコ屋であれば1万円分遊び、風俗店であれば女性と戯れます。

税務調査では、専門的な知識を持った職員に対して、納税者は太刀打ちできません。山王工業にカクとヤスと洋平と高宮と野間で挑むようなものです。デスピサロに、ひのきのぼうとかわのよろいの装備のみで話しかけるようなものです。DIOと波紋だけで戦うようなものです。

必ず、税理士を雇いましょう。納税者にとっての税理士は、ぬ～べ～にとっての鬼の手です。

if…

もし日本に税金がなく、学校に使われるお金が減ったら……
教頭が「キンコンカンコーン」と言いながら廊下を走る。

11 加算税と延滞税

加算税とは、確定申告が期限より遅れたり、確定申告の内容に誤りがあったり、確定申告の作成過程で不正を行ったりすると課せられるペナルティです。

財務省によると、加算税は、「申告納税制度の定着と発展を図るため、申告義務が適正に履行されない場合に課されるもので、一種の行政制裁的な性格を有する」とされています。つまり、「ちゃんと確定申告しないと罰を与えるよ。罰がないとちゃんとやらないでしょ」と言っています。

加算税には、４種類あります。

（1）過少申告加算税　最大15％

確定申告や帳簿書類が誤っていた場合

（2）重加算税　最大50%

確定申告や帳簿書類に仮装・隠ぺいがあった場合

（3）無申告加算税　最大20%

確定申告の期限を過ぎた場合

（4）不納付加算税　最大10%

源泉徴収した所得税の納付期限を過ぎた場合

また、**確定申告が遅れた、税務調査によって払うべき税金が増えた、そんなときには税金に利息がかかります。**これを**延滞税**といい、最大年利は14・6%です。

if...

もし日本に税金がなく、学校に使われるお金が減ったら……
飼育小屋の前を通りかかる鳩の方がふっくらしている。

対税務調査に役立つ知識集①

国税局の隠語

国税局にはさまざまな隠語があります。知っていれば、税務調査や社会生活を有利にすすめることができるかもしれません。

呼称	意味
さんずい	法人税。「法」の字に由来
ところ	所得税。「所」の字に由来
けし	消費税。「消」の字に由来
せんせい	税理士
さむらい	税理士。「士」の字に由来
ほんてん	国税局
かすみ	財務省。財務省が霞ヶ関にあることに由来
おやじ	税務署長
サブ	副署長
ごんべん	国税局調査部。「調」の字に由来
こめ	国税局資料調査課。「料」の字に由来
おまつり	確定申告期間。お祭りのように忙しいことに由来
B勘定	偽の領収証。通常の領収証はA勘定
たまり	脱税資産
まるさ	国税局査察部。「査」の字に由来
6階	国税局査察部。映画『マルサの女』上映当時、査察部が国税局の庁舎の6階にあったことに由来

第 2 章

税金が安くなる！今すぐ利用したい得する控除

税金が安くなる会社員・公務員の経費「特定支出控除」

経費は、一般的には個人事業者や会社のものと思われています。しかし、会社員やパート・アルバイトのような給与所得者にも、「特定支出控除」という経費が認められています。

Q1 『NARUTO－ナルト－』より

主人公・うずまきナルトを木ノ葉隠れの里の地方公務員としたとき、うずまきナルトが自分で支出した費用のうち、特定支出控除の対象となるのは次のうちどれか。

① 螺旋丸修得の費用
② 同僚のうちはサスケと食べたラーメンの代金
③ 四代目火影である父・波風ミナトの葬式の香典
④ 特定支出控除の対象となる支払いはない

『NARUTO－ナルト－』（岸本斉史）は、週刊少年ジャンプで1999年から2014年まで連載されたバトルアクション漫画。主人公・うずまきナルトが、忍者の里・木ノ葉隠れの里の長「火影」を目指す物語。螺旋丸とは、うずまきナルトが師匠・自来也の指導のもとに修得した圧縮したチャクラをぶつける忍術。うちはサスケは、うずまきナルトのライバルで、木ノ葉隠れの里の忍者。波風ミナトは仕事中に死亡しました。

正解は「①螺旋丸修得の費用」でした。

A

うずまきナルトが仕事に必要な技術、螺旋丸を修得するために師匠・自来也の指導のもとで行った修行は、その支払いを経費にすることができます。これが「特定支出控除」です。また、中忍試験のための支出、多重影分身の術を会得した封印の書の購入、成長するにつれて変わる作業服も特定支出控除の対象です。

特定支出控除は、個人事業者でなくても認められるありがたい経費です。**会社員や公務員が「仕事をする上で必要」と認められたものが給与所得控除額の1/2を超えると、超えた部分を控除できます。**営業マンであれば、商談に必要なスーツや必要な知識を得るために購入する本、接待にかかる費用などがこれにあたります。

ただし、確定申告同様に領収証が必須です。また、会社が必要な経費と認めた証明書が必要になります。証明書は国税庁のホームページからダウンロードできます。具体的に特定支出控除に該当する費用は、左ページの図をご確認ください。

図表7　追加控除額と特定支出控除に該当する費用

●年収400万円（給与所得控除額134万円）の人が、転居や資格取得に110万円支出した場合

110万円（支出額）－67万円（給与所得控除額の½）
＝43万円（特定支出控除額）

43万円が追加で控除される！

特定支出控除に該当する費用

❶通勤費：通勤のための支出
❷転居費：転勤で引っ越すための支出
❸研修費：仕事に必要な知識を得るための研修
❹資格取得費：仕事に必要な資格を取得
❺帰宅旅費：単身赴任で自宅に帰るための支出
❻図書費：仕事に関係する本
❼衣服費：制服、事務服、作業服
❽交際費：接待やプレゼント

まとめ

仕事に関係しそうな支払いはすべて領収証か記録を取っておいて、年末に合計してみる。

if...

もし日本に税金がなく、学校に使われるお金が減ったら……
保健室に行ったら「ツバつけときゃ治る」と追い返される。

ここがベスト
結婚して配偶者控除を受けるタイミング

配偶者控除を受けられれば、所得税の納税額が低くなります。配偶者控除を受けるためには、婚姻届の提出が必要ですが、適用されるための基準日があります。

Q2

『ドラゴンボール』より

孫悟空とチチが、12月31日に婚姻届を提出した場合、孫悟空は配偶者控除をいつから受けられるか。

なお、孫悟空のその年の年末調整（P26参照）は終了しており、チチの所得は103万円以内とする。

① その年
② 翌年
③ 前年
④ 長男・孫悟飯が誕生したエイジ757

『ドラゴンボール』（鳥山明）は、週刊少年ジャンプで1984年から1995年まで連載されたバトルアクション漫画。主人公・孫悟空を中心に、どんな願いも叶う玉「ドラゴンボール」を探し求め、冒険する長編漫画。チチは12歳のときに、亀仙人に芭蕉扇を借りに行く途中で孫悟空と出会い、結婚の約束をします。19歳のとき、第23回天下一武道会に参加し、約束を思い出した孫悟空と結婚することになります。

A 正解は「①その年」でした。

配偶者控除は、12月31日時点で結婚している方が対象です。**その年に1日だけしか夫婦関係になくとも、12月31日に結婚していれば控除を受けられます。**孫悟空がチチと結婚することで受けられる配偶者控除は38万円となります。

配偶者控除には条件があります。

(1)民法の規定による配偶者(内縁関係ではだめ)
(2)2人が生計を一《いっ》にしている(家族で財布を一緒にしている)
(3)配偶者の合計所得が38万円以下(給与所得103万円以下)
(4)事業専従者でない(よくわからない方は事業専従者ではないはずです)

また、12月31日時点の年齢が70歳以上なら、配偶者控除は48万円に増えます。

配偶者控除は2018年から見直されます。左ページの図をご覧ください。

図表8　変わる配偶者控除

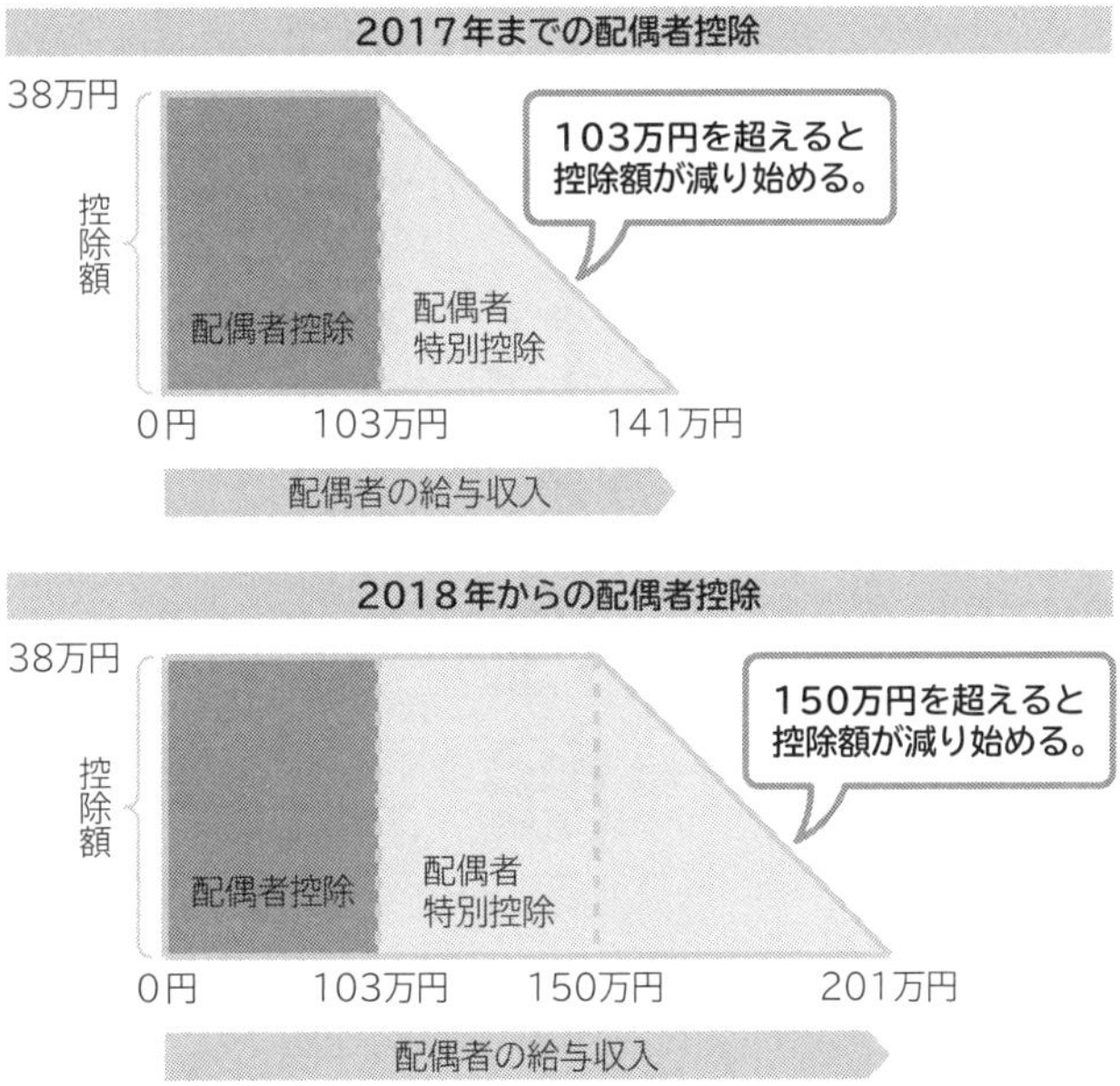

※ただし、配偶者の給与収入が1,120万円を超えると控除額が縮小され、
1,220万円で適用外に

まとめ

1月1日に入籍するより、12月31日に入籍するほうが得。

if...

もし日本に税金がなく、学校に使われるお金が減ったら……
ミドリムシを肉眼で観察。

誰も教えてくれない離婚や死別で受けられる控除

離婚や死別で配偶者を失うと、所得の控除が受けられます。条件を満たせば、どなたでも受けられますので、該当する方は会社に伝えるか、確定申告書の該当欄に記入しましょう。

Q3 『めぞん一刻』より

アパート「一刻館」の管理人・音無響子が未亡人として受けられる控除はどれか。ただし、管理人としての所得は500万円以下とする。

① 寡婦控除
② 寡夫控除
③ 扶養控除
④ 控除は受けられない

『めぞん一刻』（高橋留美子）は、週刊ビッグコミックスピリッツで1980年から1987年まで連載されたラブコメディ漫画。古いアパート「一刻館」の住人・五代裕作と、若い未亡人の管理人・音無響子のラブストーリー。響子は、高校卒業後、音無惣一郎と結婚。その後、惣一郎は亡くなり、響子は未亡人となりました。

正解は「①寡婦控除」でした。 A

夫である音無惣一郎が亡くなったので、音無響子は「寡婦」になります。

寡婦とは、夫と死別または離婚して、その後再婚していない女性のこと。男性の場合は「寡夫」です。

寡婦になると寡婦控除27万円が受けられます。ただし、主人公・五代裕作と結婚した年以降は、寡婦控除は受けられません。

音無響子に子どもはいませんが、離婚して子どもがいるシングルマザーの方も寡婦控除の対象となることがあります。

納税者自身が寡夫であるときは、27万円の「寡夫控除」を受けることができます。

左ページに寡婦に該当する方の条件を一部記載します。

図表9　寡婦控除の対象

12月31日時点で次のうち**どちらか**に当てはまる人

❶夫と死別 or 離婚した後、結婚していない人で扶養家族がいる

❷夫と死別して結婚をしていない人で、所得が500万円以下

さらに、次の要件を**すべて**満たすと、**控除額が27万円から35万円に**

❶夫と死別 or 離婚した後、結婚していない人

❷扶養親族である子がいる

❸所得が500万円以下

まとめ

旦那さんを失ったら寡婦に該当するか調べてみる。

if...

もし日本に税金がなく、学校に使われるお金が減ったら……
ピアノが壊れていてドとレとミとファとソとラとシの音が出ない。

払いすぎに意味なし
生命保険料控除

生命保険に加入していると税金が安くなる「生命保険料控除」もポピュラーな所得控除です。しかし、50万円払っても、100万円払っても、そのすべてを控除できるわけではありません。

Q4 『DEATH NOTE』より

主人公・夜神月《やがみらいと》に勝つために、Lがデスノートに自らの名前を書いて亡くなる前に、生命保険に入っていたとして、生命保険料控除の金額はいくらになるか。ただし、支払った保険料は10万円だった。

① 4万円
② 5万円
③ 10万円
④ コンソメ味のポテチに隠した小型液晶テレビと同じ金額

『DEATH NOTE』（原作・大場つぐみ、作画・小畑健）は、週刊少年ジャンプで2003年から2006年まで連載されたサスペンス漫画。名前を書いた人間を死なせることができる「デスノート」を手にした主人公・夜神月と、名探偵Lとの頭脳戦を描く作品。2006年公開の実写映画『デスノート the Last name』において、Lは夜神月がキラである証拠を掴むため、デスノートに自分の名前を書いて、一芝居打ちました。

正解は「①4万円」でした。

A

Lが、10万円の生命保険に入ろうが100万円の生命保険に入ろうが、**所得から控除できるのは4万円までです。**

8万円以上の生命保険料の支払いに対する控除は、一律4万円です。

介護医療保険料と個人年金保険料も支払っていれば、それぞれ最大4万円の控除が受けられますが、払った分だけ控除できる社会保険料と比べると、悪魔的に少ない控除なのです。

生命保険は大きく分けて3種類、定期と終身と養老があります。死亡すると保険金がもらえるのは共通ですが、左のような違いがあります。

定期…期間の定められた保険。掛け捨てで、保険料が安い。
終身…死亡するまで一生涯続く。保険料は割高。
養老…期間が定められているが、満期になると保険金がもらえる。保険料は割高。

これらは、保険の外交員さんが利益を出すために売りたい順序があります。

それは「①定期　②終身　③養老」の順です。

定期保険は掛け捨てなので、死亡して保険金を払わない限り、掛け金が保険会社の利益になります。だから、外交員さんの手数料（コミッション）が高く設定されています。外交員さんは、終身の契約を途中で定期に替えたり、定期を更新させたりして、手数料を稼ぎます。保険の内容や保険会社にもよりますが、終身と比べた場合、定期の手数料は3倍になることもあります。だから、お客さんの環境や将来に関係なく、外交員さんは定期を売ります。

まとめ

生命保険料は節税効果がほとんどない。

if...

もし日本に税金がなく、学校に使われるお金が減ったら……

学芸会は、過去の学芸会の映像を体育館で見る。

小金持ちは○○で税金を安くする

お金に余裕があると、心にも余裕が出ます。そんなとき、小金持ちの方は慈善事業に手を出して、今までの悪い行いを浄化しようと企てます。慈善事業は、所得控除の対象となることがあるのです。

Q5 『ジャングルの王者ターちゃん♡』より

主人公・ターちゃんの配偶者ヂェーンが、アフリカの動物たちを守るレンジャー隊員に配っている金銭の取扱いとして正しいのはどれか。

ただし、レンジャー隊は認定NPO法人で、支払っている金銭は観光案内や「ターちゃんと戦いたい祭り」の収益でまかなわれている。

① 寄付金控除
② 社会保険料控除
③ 給与
④ ペドロ

『ジャングルの王者ターちゃん♡』（徳弘正也）は、週刊少年ジャンプで1988年から1990年まで連載されたギャグ漫画。『新ジャングルの王者ターちゃん♡』と改題し、1990年から1995年まで連載された。主人公・ターちゃんと妻ヂェーンがジャングルの動物たちとジャングルの平和を守る作品。ヂェーンはターちゃんに内緒で、レンジャー隊を雇い、サバンナを守り、ターちゃんを助けていました。「ターちゃんと戦いたい祭り」は、ターちゃんを倒して名声を手に入れようとする世界中の格闘家たちを戦わせ、優勝者にはターちゃんと戦う権利が与えられるというもの。

A 正解は「①寄附金控除」でした。

チェーンはターちゃんに内緒で、正体を隠し、影のオーナーとしてレンジャー隊員にお金を渡していました。このお金は、ターちゃん一家の事業と関係ありませんので、経費にはできませんが、寄附金控除として所得から引くことができます。また、ターちゃんの弟子・ペドロと智光《ちこう》に支払ったお金は給与となります。

国や地方公共団体、政治活動に関する寄附金、認定NPO法人などに「特定寄附金」を支出した場合には、寄付金控除を受けることができます。

寄付金控除の金額は、次のいずれか低い金額－2000円です。

①その年の特定寄附金の合計
②所得の40％

寄附金控除を受けるためには、確定申告書に寄附先からもらった領収証を添付する必要があります。

数年前から返礼品競争が過熱した「ふるさと納税」もこの寄付金控除によって、税金が還ってくる制度です。

しかし、ふるさと納税は、ほかの寄付金控除より手厚くなっています。例えば、国に寄付をしても所得から控除額を引いてくれるだけですが、ふるさと納税なら、控除額がそのまま還付されます。所得税の税率が5％の人なら、控除額の5％が還ってくるのと100％が還ってくるという差が生まれますので、ふるさと納税がいかに得かがわかります。興味がある方は、ふるさと納税専門サイトの「さとふる」で調べてみてください。

まとめ

寄付をしたら、証明書をもらって確定申告をすれば得。

if…

もし日本に税金がなく、学校に使われるお金が減ったら……
運動場の半分が貸し駐車場。

盗難、災害、横領に遭ったら泣き寝入りせず還付で取りかえそう

盗難、災害、横領に遭ったとき、確定申告をすれば、被害額の一部を所得から控除して、納税額を下げることができます。学校では教えてくれないこの控除を使って、ライバルと差をつけましょう。

Q6 『HUNTER×HUNTER』より

ヨークシンシティでのオークションの出品者が、幻影旅団《げんえいりょだん》に競売品を盗まれたときに受けられる控除として正しいものはどれか。

① 雑損控除
② 寄付金控除
③ 控除はない
④ 盗賊の極意

『HUNTER×HUNTER』(冨樫義博)は、週刊少年ジャンプで1998年から連載中のバトル漫画。主人公・ゴン=フリークスが稀少な事物を追求する職業「ハンター」になり、父親ジンを探す物語。盗賊集団・幻影旅団の活動は、窃盗と殺人、稀に慈善活動。マフィアの仕切る地下競売を襲い、オークション品を強奪、関係者を大量に殺害しました。作者によると最終的には「全員死にます」。

A 正解は「①雑損控除」でした。

オークションの出品者、あるいは、オークションで競り落とした競売品を盗まれた人、マフィアの長老・十老頭、十老頭の実行部隊・陰獣など**盗難による損失がある人は、雑損控除を受けて損失を所得から差し引くことができます。**

また、キメラアントや欲望の共依存ガス生命体アイによる**異常な災害に遭った場合も、損失を控除できます。**

資産に損害を受けた場合には、所得控除を受けることができます。

雑損控除は以下のときに受けられます。

（1）震災、風水害、冷害、雪害、落雷など自然現象の異変による災害
（2）火災、火薬類の爆発など人為による異常な災害
（3）害虫などの生物による異常な災害
（4）盗難
（5）横領

損失すべてについて受けられるわけではなく、
・損失－所得の10％
・災害の支出－5万円
のどちらか大きい方で受けられます。

年収400万円の会社員の方なら、26万円以上の損失があれば雑損控除で税金が還ってきます。害虫には、シロアリが含まれますので、被害があれば損失や壊れた家の取り壊し・撤去費用を計算してみてください。

また、「**災害減免法による所得税の軽減免除**」という災害に遭われた方の制度もありますので、ご活用ください。

まとめ

物を盗まれた、災害に遭った、そんなときは控除を受ける。

if...

もし日本に税金がなく、図書館に使われるお金が減ったら……
全部上巻しかない。

医療費は10万円以上からしか控除できない、は嘘？

医療費控除といえば「1年間の医療費が10万円から可」というのが定説。出産時には、ほとんどの方が医療費控除を受けるでしょう。しかし、所得が低ければ、10万円以下でも控除を受けられるのです。

Q7 『ろくでなしBLUES』より

主人公・前田太尊が砕いた渋谷楽翠《らくすい》学園の鬼塚のアゴの治療費はいくら以上なら医療費控除の対象となるか。ただし、鬼塚にはパーティ券の売上による事業所得が100万円あり、池袋正道館高校の葛西にやられたあばらの治療代3万円以外に医療費はなかったものとする。

① 1万円
② 2万円
③ 10万円
④ いくらでもならない

『ろくでなしBLUES』（森田まさのり）は、週刊少年ジャンプで1988年から1997年まで連載された学園モノ漫画。帝拳高校に通う主人公・前田太尊を中心に、ギャグをちりばめた短編とバトルがメインの長編で構成されている。前田太尊は、四天王と呼ばれる東京のケンカが強い高校生と戦っていきます。その1人目が鬼塚でした。鬼塚は前田太尊に負けた後、同じく四天王の葛西にも負けてしまいます。

A 正解は『②2万円』でした。

病院に行き、領収証をもらって、翌年確定申告をすれば、鬼塚は医療費控除を受けられます。後輩の小太郎たちを使ったパーティ券の売上も申告が必要です。

一般的に、医療費控除は医療費が10万円以上で利用できます。しかし、**所得が200万円未満なら所得の5％以上に緩和されます**。事業所得100万円の5％は5万円、葛西に折られたあばらの治療費3万円を引いた2万円を超える部分が、医療費控除の対象となります。所得200万円未満とは、給与だけなら年収310万円未満のことです。**年収が310万円より少なければ、医療費が10万円なくとも、医療費控除を受けることができます**。

左ページに医療費控除のしくみをまとめました。合わせてご確認ください。

図表10　医療費控除のしくみ

生計を一にして医療費控除の対象に

生計を一にしていれば、家族の医療費も医療費控除の対象になる。

節税効果を大きくするには

薬代
医療費控除には薬局で購入した薬代も含めることができる。

交通費
通院に必要な交通費も医療費に含めることができる。

まとめ

年収310万円未満なら医療費が10万円より少なくても控除が受けられる。

if...

もし日本に税金がなく、消防に使われるお金が減ったら……
まずは雨乞い。

保険診療だけじゃない！高額な自由診療も医療費控除の対象に

歯医者に行くと、高額なインプラントを勧められることがあります。健康保険の使えない自由診療になりますが、医療費控除の対象になるのでしょうか。実は保険法より税法の方が国民に優しいのです。

Q8 『ブラック・ジャック』より

ブラック・ジャック（間黒男《はざまくろお》）とピノコにやってもらった、保険外診療による手術は、医療費控除の対象となるか。

① なる
② 3割だけなる
③ 7割だけなる
④ ならない

『ブラック・ジャック』（手塚治虫）は、週刊少年チャンピオンで1973年から1983年まで連載された医療漫画。無免許の天才外科医である主人公・ブラック・ジャックの活躍が描かれる医療漫画の金字塔。

A 正解は「①なる」でした。

医療費控除の対象となるかどうかは、保険診療か保険外診療かを問いません。ブラック・ジャックに医師免許がなく、保険の効かない高額な治療であっても医療費控除の対象となります。

しかし、医療費控除の金額は、年間200万円まで。ブラック・ジャックへの支払いのうち、それを超えた部分は控除できません。ブラック・ジャックの診療報酬の請求金額は、最高で150億円。請求金額が1億円を超えることも多々あり、医療費控除は大勢に影響がないように思われます。

保険の効かないいわゆる自由診療は、高価な材料を使用する場合などがあり、治療代がかなり高額になることがあります。このような場合、一般的に支出される水準を著しく超えると認められる特殊なものは医療費控除の対象になりません。一般的に支出される水準かどうかは、時代や環境によって異なりますので、ご注意ください。

しかし、医療費控除の対象とならない特別な治療は少ないと考えられます。不安であれば、治療の前に、担当医に確認するといいでしょう。**また、「高額療養費制度」を**

利用すれば、負担を減らすことができます。

２０１７年12月現在で、代表的な医療費控除の対象になるもの、ならないものは次の通りです。

医療費控除の対象となるもの

治療代、薬代、あん摩マッサージ指圧、はり、レーシック

医療費控除の対象とならないもの

美容整形、歯のホワイトニング、メガネ、コンタクト、ペットの治療代

まとめ

自由診療も医療費控除で還付を受けられる。

if…

もし日本に税金がなく、消防に使われるお金が減ったら……
消防車の赤が薄い。

節税の最高峰
住宅ローン減税

会社員の方が所得税の納税額を下げる方法は、数えるほどしかありません。その中でも、圧倒的に税金を減らすことができるのが、「住宅借入金等特別控除（通称・住宅ローン減税）」なのです。

Q9 『こちら葛飾区亀有公園前派出所』より

主人公・両津勘吉の同僚・寺井洋一がインチキ不動産屋から、プラモデルの民家シリーズの1／1サイズの家を35年ローンで購入した場合、住宅借入金等特別控除はローン残高の何%となるか。

① 0・1%
② 1%
③ 3%
④ インチキだから控除はない

『こちら葛飾区亀有公園前派出所』(秋本治)は、週刊少年ジャンプで1976年から2016年まで連載されたギャグ漫画。亀有公園前派出所に勤務する警察官の主人公・両津勘吉や同僚、周辺の人物が型破りな活躍をする。寺井はしばしば家を買おうとします。その際、両津勘吉を連れ立って物件を見て周りました。インチキ不動産屋は、作中しばしば現れては、不思議な物件を案内してくれます。

正解は「②1％」でした。 A

インチキであろうとなかろうと、確定申告書に記載して、書類を添付すれば住宅ローン減税が受けられます。 ただし、控除期間は10年、控除限度額は毎年40万円となります。また、劣化対策や耐震性など一定の基準を満たした認定長期優良住宅に該当すれば、控除限度額は50万円となります。

しかし、1／1のプラモデルの家が、認定長期優良住宅に該当するとは考えづらいので、限度額は40万円となります。

住宅借入金等特別控除、通称「住宅ローン減税」は、税額控除（P28参照）です。そのため、ほかの控除と比べ、控除額が圧倒的に多く、所得税率5％の方だと社会保険料800万円分、所得税率40％の方でも社会保険料100万円分の価値があります。所得税率45％の方は、所得が高いので控除が受けられません。

さらに、適用には条件があります。

ちゃんと家に住んでいる、ローンを組んでいるといった条件は当然として、以下の

2つも条件となっています。

(1) 所得が3000万円以下

(2) 床面積が50平方メートル以上

それ以外にも細かい条件はありますが、以上を守れば適用となる可能性が高いです。住宅の購入時にお調べになって、活用してください。

まとめ

家を買うなら住宅ローン減税を受けよう。

if...

もし日本に税金がなく、消防に使われるお金が減ったら……
隊員がはしご車で金融会社をはしご。

社会保険料は扶養じゃなくても控除できる

ほぼすべての会社員の方が受けている控除が「社会保険料控除」です。健康保険や年金の支払いは、社会保険料として控除できます。本人の分は当然として、家族の分はどうなるのでしょう。

Q10 『めぞん一刻』より

主人公・五代裕作が保育士になり、アパートの管理人・音無響子と結婚したのちも響子が管理人として一定の所得があった場合、響子の年金や健康保険の支払いは、誰の所得から控除できるか。

① 五代裕作
② 五代響子
③ 五代裕作&五代響子
④ 控除できない

『めぞん一刻』は、五代裕作と音無響子の結婚後、第一子をもうけて幕を閉じました。

A 正解は「③五代裕作＆五代響子」でした。

年金や健康保険の支払いは社会保険料控除の対象となります。五代裕作の社会保険料と響子の社会保険料、娘の春香の社会保険料は、**生計を一にしていれば、誰の所得から控除しても構いません。**五代響子の所得がどんなに高くても、生計を一にしていれば、五代裕作の所得から差し引くことができます。

ただし、社会保険料は、最も所得の高い人から控除するのが得です。

生計を一にするとは、平たくいうと「財布が一緒の家族」なので、ほとんどの場合、社会保険料控除を家族内の所得の高い人につけかえることができます。これは、一緒に住むことを前提としません。単身赴任や寮に入っている場合も適用できると考えられます。

また、社会保険料の特徴として、生計を一にしている子どもの国民年金を過去3年分まとめて支払った場合は、支払った年に全額控除できます。前納した場合は、支払った年か、対応する年それぞれで控除するかどうかを選ぶことができます。

図表11　社会保険料控除は所得の高い人につける

最も所得の高い人から控除するのがお得

生計を一にしていれば、どちらにつけてもOK！

社会保険料控除の対象となるもの（抜粋）

- 健康保険
- 国民年金
- 介護保険料
- 雇用保険
- 厚生年金保険の保険料
- 国民健康保険の保険料
- 国民年金の加掛金
- 国家公務員狭隘組合法、地方公務員等共済組合法、私立学校教職員共済法による掛金

まとめ

家族なら社会保険料は誰から控除してもいい。

if...

もし日本に税金がなく、消防に使われるお金が減ったら……
はしご車のはしごに朝顔が咲き乱れている。

退職金の受取
税金がかからない上限とは

会社員として何年か勤め、退職すると、退職金が支給されます。退職金は給与所得ではなく、「退職所得」になります。僕も、東京国税局を退職したときは、20万円の退職金を頂戴しました。しかし、そのときの20万円には所得税はかかりませんでした。

Q11 『ROOKIES』より

謹慎中の教師・川藤幸一が職責を懸けて目黒川高校との試合でベンチに立ち、辞職したときの退職金は、いくらまでなら税金がかからないか。なお、川藤幸一が二子玉川学園高校に在籍していたのは10ヶ月であった。

① **40万円**
② **70万円**
③ **80万円**
④ **すべてにかかる**

『ROOKIES』（森田まさのり）は、週刊少年ジャンプで1998年から2003年まで連載された野球漫画。新人教師・川藤幸一が、不良の巣窟だった野球部の監督になり、部員たちと一緒に甲子園を目指す物語。川藤幸一は、目黒川高校との試合中、窮地に立たされた生徒たちのために、職責を懸けてベンチに立ちました。

A 正解は「③80万円」でした。

川篠幸一は謹慎していましたが、野球部のために直訴し、もう一度だけベンチに立つことを許されました。このとき、職責を懸けており、のちに解雇が取り消されたにも関わらず、辞職。その後、再度採用試験を受け、二子玉川学園高校に戻ってきます。二子玉川学園高校の退職規定は定かではありませんが、10ヶ月間の勤務でも、退職金が支払われる可能性は十分にあり、その場合、退職金は退職所得として課税の対象となります。

しかし、**退職金が80万円以下であれば、税金はかかりません。**

また、退職金には、退職所得控除というものがあります。

勤続年数20年以下↓勤続年数×40万円
勤続年数20年超の部分↓勤続年数×70万円

この控除を超えなければ、退職金に税金はかかりません。超えた場合は、超えた金額にそのまま所得税がかかるのではなく、超えた金額の１／２にかかります。国が退職金に対しては、少し優しくしてくれています。

勤続年数が38年の人の場合、20年×40万円＋18年×70万円となりますので、控除金額は２０６０万円となります。受け取った退職金が３０００万円なら、９４０万円の１／２、４７０万円に所得税がかかります。

ということは、確定申告が必要なのでしょうか。翌年の２月に税務署に行かなければならないのでしょうか。

それは杞憂です。その場合、退職金をくれた勤務先が源泉徴収をしてくれているので、確定申告は必要ありません。最後まで、会社のお世話になることになります。

まとめ

退職金には税金がかかるが、勤続年数に応じた控除がある。

if...

もし日本に税金がなく、消防に使われるお金が減ったら……
金を払った家から。

対税務調査に役立つ知識集②

税理士の先生のよく言うセリフベスト3

税理士の先生は、顧問料をもらって個人事業者や法人と契約しています。そんな先生たちがよく言うセリフです。

3位

「4年目には税務調査が来ますよ」

税務調査では、最低でも3年分の帳簿書類を確認します。会社設立や、事業開始から1、2年で税務調査に行くと、見られる書類が少なく結果も伴いません。初めての税務調査は、3年分の確定申告が終了している4年目以降に行われます。

2位

「私に任せていれば大丈夫ですよ」

顧問先からの信頼を得るために、先生は大風呂敷を広げます。

1位

「私のせいじゃありませんよ」

税務調査の結果によっては、会社や個人事業者が、契約している税理士に損害賠償を求める場合があります。しかし、先生は、自分に責任が及ばないように全力で抵抗します。

第3章

所得の特徴を押さえよう

副業は○万円以下なら税金を払わなくていい

副業を推奨する企業が増えつつあります。会社員の方が副業をしても、確定申告が不要の場合がありま す。つまり、副業の分の所得の納税を合法的に免れることができるかもしれないのです。

Q12

『こちら葛飾区亀有公園前派出所』より

ある年、両津勘吉が行った副業は偽保険の販売でした。この年の副業の所得がいくらを超えると、確定申告が必要になるか。

① 10万円
② 15万円
③ 20万円
④ いくらでも不要

保険業が儲かると考えた両津勘吉は、オリジナルの保険を作って近所の子どもや警察署の同僚に販売しました。

正解は「③20万円」でした。 A

両津勘吉が販売した「カゼひき保険」は「熱が45度出ると3万円、『ゴホン』と咳が出たら5000円払う可能性があるような気がするかもしれないと思うムードがただよう今日このごろです」といったようなインチキ保険でした。インチキの是非は課税に影響しません。

個人で行う保険の販売は、事業所得あるいは雑所得になります。どちらも、**所得が20万円以下なら確定申告は不要です。**

アフィリエイト、アクセサリー販売、執筆、イラスト制作など、会社の収入以外に個人で仕事をしていたら所得の計算が必要です。収入から経費を差し引いたものが所得です。1年間の所得の合計が20万円を超えたら確定申告をしましょう。

そもそも、両津勘吉は警察官です。そのため、副業は法律で禁止されています。しかし、会社員であれば会社の就業規則によって禁止されていても、法に触れることはありません。とはいえ、副業をしている会社員の方は、会社に副業がバレることを気にするはずです。

副業が会社にバレる主な原因として、**住民税の金額が市区町村からあなたの会社に**

通知されることが挙げられます。住民税の金額が会社からあなたに支払われている給与をもとに計算した金額と大きく異なったとき、経理の人間が気づいてしまいます。

副業の収入が、自分で道具や働く場所を用意して行う個人事業者のような仕事であれば、事業所得に該当し、確定申告をして住民税の普通徴収を選択することで、会社にバレるリスクは大幅に減ります。

しかし、もし、あなたの住民税の金額が変わり、会社から「副業してるだろ?」といわれたらどうするか。「競馬で勝った」といえば合理的な理由になります。あるいは、「親から相続した土地があり、不動産収入がある」というのはどうでしょう。「相続を放棄しろ」とか「土地を遊ばせておけ」と言われる可能性は低いのではないでしょうか。

まとめ

副業が20万円を超えたら確定申告が必要。

if…

もし日本に税金がなく、医療に使われるお金が減ったら……
麻酔がビンタ。

2ヶ所で勤務すれば〇〇円から源泉徴収

副業は20万円以下なら確定申告が不要でした。副業で得たお金は所得税を納めなくて良い可能性があります。しかし、副業が給与所得の場合は別。副業をするなら、勤務形態は、熟考しましょう。

Q13 『こちら葛飾区亀有公園前派出所』より

アルバイトをする両津勘吉に対して超神田寿司が支払った給与は、源泉徴収が必要か。ただし、両津勘吉に警察と超神田寿司以外の収入はなかったものとする。

① 必要
② 給与が33円以上で必要
③ 給与が３万３０００円以上で必要
④ 両津勘吉は必要ないが、同僚の戸塚は必要ある

両津勘吉は、警察官ですが、親戚の営む寿司屋・超神田寿司でも働いています。超神田寿司で働いているときは、「浅草一郎」と名乗っています。

正解は『②給与が33円以上で必要』でした。

A

超神田寿司から支払われる給与が年間20万円以下なら確定申告は不要ですが、月額の給与が33円以上であれば、所得税が源泉徴収されます。

このときの税率は、3・063%です。給与が33円なら、源泉徴収税額は1円です。税金によっては、納税額が100円未満の場合に切り捨てられることがありますが、源泉徴収は1円からになります。1ヶ所で働いている場合は、月額の給与が8万8000円未満であれば、源泉徴収されませんので、比較すると、2ヶ所で働く方の税負担は大きくなります。

給与所得の方で、主に確定申告が必要とされるのは以下の場合です。

（1）給与収入が2000万円を超える方

（2）1ヶ所から給与の支払いを受け、ほかの所得の合計が20万円を超える方（20万円以下なら確定申告しなくていい）

（3）2ヶ所以上から給与の支払いを受け、メインではない方の給与が20万円を超

える方

（4）2ヶ所以上から給与の支払いを受け、メインではない方の給与とほかの所得の合計が20万円を超える方

ただし、給与収入から、雑損控除、医療費控除、寄附金控除、基礎控除以外の所得控除を引いた金額が150万円以下で、利子所得、配当所得、不動産所得、事業所得、山林所得、譲渡所得、一時所得、雑所得の合計が20万円以下の人は、申告の必要はありません。**つまり、2ヶ所で働いていても、収入が少ない主婦や学生の方は、確定申告が必要ありません。**

まとめ

2ヶ所で働くと、源泉徴収される。

if…

もし日本に税金がなく、医療に使われるお金が減ったら……
万能包丁でなんとかしようとする。

え？
バイト先で
まかないを食べたら
税金がかかるの？

多くの飲食店ではまかないが提供されます。無料の店もありますが、僕がアルバイトをしていた大手チェーンでは、1食250円でした。しかし、無料にしないのは、会社がケチなわけではないのです。

Q14 『ドラえもん』より

ドラえもんを「有限会社野比家」の従業員とした場合、ママから支給されるどら焼きの取扱いとして正しいものを選びなさい。

① 給与
② 福利厚生費
③ 交際費
④ エサ

『ドラえもん』（藤子・F・不二雄）は、コロコロコミックほかで1969年から1996年まで連載された児童漫画。22世紀からやってきたネコ型ロボット・ドラえもんと小学生・野比のび太が、多種多様なひみつ道具を使って活躍する。

正解は「①給与」でした。 A

ママは野比家の食事を司っていますので、どら焼きは食事として提供されると考えられます。その場合は、**現物給与として源泉徴収の対象となります。**

しかし、のび太が提供した場合はどうでしょうか。野比家において、のび太は食事を提供する立場にありません。どら焼きの支給は、茶菓子の提供と考えられます。従業員全員に提供される茶菓子は、福利厚生費となります。

食べ物を提供されても食事にならなければ税金はかからず、仕事を行う上で一律に従業員に支給される茶菓子は、福利厚生費となります。

食事は、次の2つを満たしていれば、給与として課税されません。

（1）ドラえもんが食事の半分以上の金額を負担していること

（2）（1ヶ月の食事の金額）－（ドラえもんが負担した金額）≦3500円

ところで、もし、ドラえもんが税金を滞納した場合、ひみつ道具は差押えの対象となるでしょうか。

差押え禁止財産について定めた国税徴収法75条一には「生活に欠くことのできない衣服、家具、建具」とあります。よって、石ころ帽子やどこでもドアは差押えを免れる可能性があります。

また、75条五では「技術者、職人の業務に欠くことができない器具」が差押え禁止とされており、ひみつ道具はこれらに該当する可能性があります。類似のケースで「キテレツ大百科」のキテレツの発明は、国税徴収法75条十一「発明又は著作に関わるものでまだ公表していないもの」に該当し、差押え禁止財産であると考えられます。

まとめ

まかないは無料で食べたら給料になる。

if...

もし日本に税金がなく、医療に使われるお金が減ったら……
チラシの裏にカルテを書いている。

会社が社員寮を無料にしてくれないのはケチだからではない

社員寮や社宅を用意してくれる企業があります。しかし、3000円や1万円といった低額で貸与してくれることはあるものの、無料になることはほとんどありません。これには理由があったのです。

Q15 『HUNTER×HUNTER』より

ゾルディック家のゴトーやアマネ、カナリアといった執事たちに無料で提供される社宅はどのように取扱われるか。

① 給与
② 福利厚生
③ 交際費
④ 非課税

主人公・ゴン＝フリークスの友人キルア＝ゾルディックは、暗殺を生業とするゾルディック家の三男です。ゾルディック家には、執事が複数名おり、執事の住まいは、敷地内に設けられています。

正解は
「④非課税」
でした。

A

通常、従業員や役員に対し、無料で住居を提供すれば、給与として課税されます。いわゆる「現物給与」に該当するからです。

ただし、住居を提供することに合理性があるような仕事の場合は、無料でも非課税となります。

通常の勤務時間外においても勤務することが一般的な、看護師、守衛なども非課税です。

ゴトーやアマネ、カナリアたちの場合、執事の職務の遂行上、部屋を提供されても給与とならず、非課税となると考えられます。

また、船舶乗組員に対し提供した船室も非課税とされますので、『ONE PIECE』の主人公・モンキー・D・ルフィがサウザンドサニー号でゾロ、ナミ、ウソップ、サンジ、チョッパー、ロビン、フランキー、ブルックに提供する部屋も非課税となります。

従業員に対して社宅や寮を無償で貸与する場合には、家賃相当額が給与として課税されます。家賃相当額の半分以上を家賃として従業員から受け取っていれば、給与として課税されません。
家賃相当額がいくらになるかは、固定資産税などを使って計算します。複雑ですので、国税庁のホームページをご覧ください。

まとめ

社員寮は家賃を社員から少し取らないと給与として課税される。

if...

もし日本に税金がなく、医療に使われるお金が減ったら……
基本神頼み。

道でお金を拾った税金はどうなる？

道でお金を拾った経験はありませんか？　この本を読んでくださる聡明な方は、交番に届けると思います。落とし主が現れずに、あなたのものになったお金に税金はかかるのでしょうか。

Q16 『ONE PIECE』より

主人公・モンキー・D・ルフィが、ひとつなぎの大秘宝・ワンピースを手に入れた場合の取扱いとして正しいものを選びなさい。ただし、ワンピースを手に入れたのちに交番に届け、3ヶ月間落とし主が現れなかったものとする。

① 一時所得
② 事業所得
③ 課税されない
④ オールブルー

『ONE PIECE』（尾田栄一郎）は、週刊少年ジャンプで1997年から連載中のバトル漫画。海賊王を志す主人公・モンキー・D・ルフィと仲間たちの冒険を描く。ワンピースは海賊王ゴールド・ロジャーの遺した「この世の全て」で、実際に何であるかは明らかになっていません。

正解は「①一時所得」でした。 A

ワンピースはいわゆる「落とし物」、税法上の「遺失物」「埋蔵物」に該当します。ワンピースが何であるかは明らかにされていませんが、現金、貴金属、何らかの権利といった資産であると考えられますので、**手に入れた場合は、一時所得として確定申告の必要があります。**

また、平成19年の遺失物法の改正で、交番に届けてから落とし主が現れずに拾得者に所有権が移るまでの期間が、半年から3ヶ月と短縮されています。

一時所得には50万円の控除があるので、ワンピースが50万ベリー（作中の通貨）以下ならば確定申告は不要です。どのくらいの価値があるかは、ワンピースの性質や社会情勢によって異なると考えられますので、ワンピース発見及び拾得時に計算することとなります。

また、拾得物の所有者である、海賊王・ゴールド・ロジャーが現れた場合は、ロジャーはルフィに0・5～2割のお礼を支払う義務があります。これは「遺失物法」によって定められていますので、お礼をもらえなければ請求することができます。このときのお礼も、一時所得となります。

類似の事例で、徳川埋蔵金を見つけた場合も一時所得、ツチノコを見つけて100万円をもらった場合は雑所得になると考えられます。ツチノコ自体には資産的価値はなく、100万円と交換できたときに所得として計上するものと考えられるからです。

遺失物拾得者や埋蔵物発見者の受ける報労金や、遺失物の拾得や埋蔵物の発見により新たに所有権を取得する資産は、一時所得となります。

まとめ

拾ったお金や物は、一時所得として確定申告が必要。

if...

もし日本に税金がなく、医療に使われるお金が減ったら……
病室のチャージ500円。

宝くじが当たったら税金はどうなる？

年末ジャンボやグリーンジャンボ、ＬＯＴＯ6、ｔｏｔｏなど、公的に認められた宝くじやスポーツくじはたくさんあります。それらに当選した場合の当せん金には、税金がかかるのでしょうか。

Q17 『とっても！ ラッキーマン』より

主人公・ラッキーマンが、大吉の状態のときにラッキーで当てた宝くじは、どのように扱われるか。

① 一時所得
② 雑所得
③ 非課税
④ ラッキー

『とっても！ ラッキーマン』（ガモウひろし）は、週刊少年ジャンプで1993年から1997年まで連載されていたヒーローギャグ漫画。運が良いことを武器にするヒーロー・ラッキーマンとその仲間たちが悪者宇宙人と対峙するギャグストーリー。通常時は、ラッキーマンの前身に「大吉」と書いてありますが、空に輝く「幸運の星」が雲で隠れると、小吉や凶になることがあります。

正解は「③非課税」でした。 A

ラッキーマンが、大吉であろうが特吉であろうが車だん吉であろうが、ラッキーでどれだけ宝くじを当てても、**その当せん金に所得税などの税金はかかりません。**

当せん金付証票法第13条では「当せん金付証票の当せん金品については、所得税を課さない」とされています。所得税法ではなく、当せん金付証票法で非課税とされているのです。

宝くじの収益の4割は自治体に納められ、公共事業に使われています。当せん金として支払われるのは4割弱で、印刷や販売に1割強使われています

競馬や競輪のような公営ギャンブル、パチンコや麻雀といった遊びによる利益は、一時所得となりますが、宝くじは課税の対象となりません。スクラッチやＬＯＴＯ６、ｔｏｔｏも非課税です。また、外国の宝くじやオンラインカジノは課税の対象となります。

努力マンが努力で当てても、天才マンが天才的な頭脳で当てても、スーパースター

マンが普通に当てても、所得税はかかりません。

また、第1話で主人公・追手内洋一《ついてないよういち》（ラッキーマンの正体で、日本一ついてない中学生）が地球にやってきた宇宙人カマキリ星人のＵＦＯの不時着で潰され、死んでしまった場合に支払われた死亡保険金は、保険料を親が払っていて、死亡保険金の受取も親ならば、一時所得となります。

その他の取扱いとして、勝利マンの頭の表彰台にいる勝利《かつとし》くんは「従業員」、最強男爵の執事ロボットのバトラーは、「その他の生活関連サービス業用設備」になります。洋一の同級生・不細工です代は、税法上は「人間」になります。

まとめ

日本の宝くじは税金がかからない。

if...

もし日本に税金がなく、医療に使われるお金が減ったら……
麻酔か気合か選ぶ。

懸賞に当たった！大会で賞金をもらった！税金はどうなる？

ジュースのシールを集めて懸賞に応募したり、ジャンプのアンケートに答えて賞品をもらったり、スポーツの大会に出場して賞金をもらったりした場合、税金はどうなるのでしょうか。

Q18 『まじかる☆タルるートくん』より

江戸城本丸《えどじょうほんまる》の同級生・原子力《はらこつとむ》が、世界Jr.なわぬけチャンピオン、つば吐き世界コンテスト優勝、世界電信柱昇降コンテスト審査員特別賞、世界死んだふりコンテスト優勝、世界Jr.風船とりコンテスト優勝、世界Jr.女の子に「すごーい」と言われたで賞、世界Jr.食いもの空中に上げて口でキャ〜〜〜ッチ選手権優勝などで賞金を得ていた場合、その賞金はどのように取扱われるか。

① 一時所得
② 事業所得
③ 非課税
④ 魔法

『まじかる☆タルるートくん』（江川達也）は、週刊少年ジャンプで1988年から1992年まで連載されたギャグ漫画。魔法使い・タルるートと、ちょっぴりおまぬけな小学生・江戸城本丸が周囲を巻き込んで騒動を起こすギャグストーリー。江戸城本丸の同級生・原子力は、作中でさまざまなコンテストや大会で優勝経験があることが明らかになっていきました。

A 正解は「①一時所得」でした。

原子力が事業として行ったものではない賞金は、一時所得となります。一時所得にも経費が認められますが、その収入を生じた行為をするため、直接要した金額に限ります。よって、「得意技南野小で一番は誰だ決定戦」で江戸城本丸に勝って行なったパレードや原子力発電パンチなどの技の修得費は、経費にできません。

懸賞や福引きの賞金・賞品、クイズの賞金・賞品も一時所得となります。

昔から、タレントがクイズ番組で得る賞金を、国税局はチェックしているといいます。国税局には雑誌やテレビで情報を集める部署があり、資料を作って、そのタレントの住んでいる場所を管轄する税務署に回付しています。だから、ズルはできません。

また、タルるートが魔法使いとして購入したアイテムは、経費になります。漫画の中で、収入を得ている描写はありませんが、魔法のアイテムを購入していることから、なんらかの収益性があるものと考えられます。見Hん、パワーアップルジュース、ホルモンガー、テレポテト、もりもりきんにくんなどの購入代金は、すべて経費となります。

たこ焼き屋の浪速松五郎《なにわまつごろう》が、タルるートと江戸城本丸に無料で食べさせたたこ焼きの代金は、浪速松五郎の事業収入に加算されます。

江戸城本丸が、転校生の座剣邪寧蔵《ざけんじゃねえぞう》との試合で死亡した場合の死亡保険金は、保険料を親が払っていて、死亡保険金の受取人がタルるートならば、贈与税の対象となります。

まとめ

懸賞や賞金は一時所得になる。

if...

もし日本に税金がなく、医療に使われるお金が減ったら……
1週間分の粉薬を手に直に盛られる。

企業から物をただでもらったら、税金がかかる？

街でティッシュや試供品をもらうことがあります。企業はさまざまな理由で自社の商品を配ったり、特別な体験を無料でさせてくれたりします。そんなとき、税法上どのように扱われるのでしょうか。

Q19 『ドラゴンボール』より

ウーロンが神龍《しぇんろん》に「ギャルのパンティおくれーーーーっ!!!」と願って手に入れたパンティの取扱いとして正しいものはどれか。なお、この年、ウーロンにはパンティ以外の資産の受取や収入はなかった。

① 福利厚生
② 報酬
③ 一時所得
④ 豚のエサ

世界征服を企むピラフ一味がドラゴンボールを集めて神龍を呼び出したとき、孫悟空の仲間のブタ・ウーロンが割り込んで願ったのが「ギャルのパンティおくれーーーーっ!!!」でした。

正解は「③一時所得」でした。 A

神龍は、神様が作った「その他の生活関連サービス業用設備」であると考えられます（P156参照）。

神龍が願いを叶える行為は、神様を代表取締役とする法人の事業として行なったものので、叶えられた願いによってもたらされる利益は一時所得となります。

一時所得は、年間50万円の控除がありますが、神龍は「さあ願いをいえ　どんな願いもひとつだけかなえてやろう」と言っており、のちに叶えられた願いが「ウパの父親ボラを生き返らせる」「ピッコロ大魔王を若返らせる」といった特殊なものであることからも、注文されたパンティの資産的価値は50万円を遥かに超えるものと考えられます。よって、パンティには所得税が課税されることになります。

クリリンを生き返らせたり、ヤムチャを生き返らせたり、天津飯を生き返らせたりした場合は、サービスの提供を受けたに過ぎませんので、課税されないと考えます。

また、孫悟空がカリン様からもらった筋斗雲は、贈与税の対象です。クリリンや孫悟飯が、ナメック星でベジータにもらった戦闘服は、一時所得となります。カリン様は個人事業者、戦闘服はフリーザを代表取締役とする法人の資産と考えられるからです。

一時所得とは、臨時・偶発的なもので対価性のないもの。つまり、働いていないのに運でもらえるようなものです。

法人からの贈与により取得する金品は、一時所得となります。試供品や広告宣伝のための賞品をもらっても、一時所得となります。個人からもらった場合は、贈与税の対象です。街で配られているポケットティッシュを、1年間に16万666 7個もらうと、一時所得がかかります。鼻炎の方は、ご注意ください。

まとめ

企業から物をもらうと、一時所得。

if...

もし日本に税金がなく、医療に使われるお金が減ったら……

救急車　初乗り410円。

その収入は事業か給与か一時か

所得には10種類ありますが、身近なものは限られます。とくに、事業所得と給与所得と一時所得は、税務調査で問題になることも多く、判断が難しい分野です。

Q20 『ONE PIECE』より

海賊の黒ひげマーシャル・D・ティーチが同じく海賊のポートガス・D・エースを捕まえて世界政府に引き渡して得た懸賞金5億5千万ベリーは、どのように扱われるか。ただし、マーシャル・D・ティーチは白ひげ海賊団を退職しており、個人事業として海賊行為を行っているものとする。

① 一時所得
② 給与所得
③ 事業所得
④ 非課税

マーシャル・D・ティーチもポートガス・D・エースも白ひげ海賊団の乗組員でした。ティーチは、仲間を殺して逃げたため、エースが追っていましたが、ティーチのヤミヤミの実の力に負けたエースは捕らえられてしまいました。

正解は「③事業所得」でした。 A

海賊が賞金首を捕らえたときの懸賞金は、事業所得となります。

一時所得と混同しがちですが、所得税法上の一時所得とは、営利を目的とする継続的行為から生じたもの以外のものであって、役務の対価としての性質を有しないものをいいます。

つまり、仕事以外の日常生活で幸運によって得たものとなります。

一時所得の例として、懸賞や福引、クイズ番組の賞金が挙げられますが、賞金首を捉える行為は、海賊として「営利を目的とする継続的行為」に含まれます。

よって、一時所得ではなく、事業所得となります。

なお、**賞金首を捉えるためにかかった費用や海賊行為にかかった費用はすべて経費にできます。**

事業所得の収入には、売上のほかに、次のものなども含まれます。

(1) 金銭以外の物や権利、その他の経済的利益

(2) 商品を自分で消費したり贈与したりする場合の商品

（3）棚卸資産について損失を受けたときの保険金や損害賠償金
（4）空箱や作業くずの売却代金
（5）仕入割引やリベート収入

また、事業所得以外の収入の具体例は次の通りです。

（1）王下七武海への加入で得られる経済的利益
（2）ローグタウンの武器屋いっぽんマツがゾロに贈与した刀・三代鬼徹
（3）海上レストランバラティエが首領《どん》クリークに襲われたときの損害賠償金
（4）サウザンドサニー号製造のために用いた宝樹アダムの木くずの売却代金
（5）ナミが値引きによって購入した商品の値引き分

まとめ

収入がどの所得になるかは、その人の仕事の内容や勤務形態、相手が個人か法人かによって異なる。

if...

もし日本に税金がなく、医療に使われるお金が減ったら……
手術がセルフサービス。

知らないと損をする給与と外注費の違い

会社や個人事業者が、働いてくれた人に払うお金は、給与になるか外注費になるかで消費税と源泉所得税の取扱いが異なります。知っていれば、あなたが副業をするときに、きっと役立つでしょう。

Q21 『パーマン』より

バード星からやってきたバードマンがパーマンの正義のヒーローとしての活動に対して金銭を支払った場合、どのように取扱われるか。

① 給与
② 外注費
③ おこづかい
④ 星野スミレ

『パーマン』（藤子・F・不二雄）は、週刊少年サンデーほかで1967年から1968年、1983年から1984年まで連載されたギャグ漫画。小学生・須羽ミツ夫がパーマンセットを授けられ、パーマンとして活躍する物語。バードマンは、さまざまな星へ行ってパーマンの候補に接触していました。

A 正解は「①給与」でした。

パーマンのマスク、マント、バッジ、コピーロボットは「これをやるからパーマンになれ」とバードマンから支給されたものです。マスクやマントをパーマン自身が用意しておらず、バードマンの指揮監督を受ける場合は、外注費として処理することは難しいと考えます。

バードマンは、パーマンに支払った給与から源泉徴収により、毎月所得税を納める必要があります。

誰かを働かせてお金を支払う人は、支払ったお金を給与にするか外注費にするか悩むことがあります。どちらも経費になりますが、給与の場合は、源泉徴収を要するのでもらう人の手取りが減ります。外注費であれば、源泉徴収は要したり要しなかったりする上に、翌年納める消費税が少なくなります。

つまり、外注費の方が得なのです。

ただ、外注費にするためには、相手が道具を自分で用意する、あなたの指揮監督を受けないなどの条件があります。

図表12　外注費で支払うメリット

外注費はもらう人も支払う人も得をする！

もらう人は手取りが増える

給与で受け取ると、源泉徴収されて
手取りが減少してしまう！

支払う人は消費税が少なくなる

●源泉徴収の必要がない場合がある
●翌年納める消費税が少なくなる

まとめ

外注費の方が、支払う方ももらう方も得。

if...

もし日本に税金がなく、医療に使われるお金が減ったら……
廃業してないのに肝試しスポット。

仮想通貨は、日本円に替えなければ税金がかからない

仮想通貨がブームです。仮想通貨を円に換金しないで持っている間は、価値が上がっても税金はかかりません。また、仮想通貨に該当するかしないかによっても取扱いが異なります。

Q22 『賭博黙示録カイジ』より

カイジが帝愛の地下王国のチンチロで手に入れた1825万2000ペリカの扱いとして、最も近いものはどれか。

① 現金
② 仮想通貨
③ おこめ券
④ 肩たたき券

『賭博黙示録カイジ』（福本伸行）は、週刊ヤングマガジンで1996年から1999年まで連載されたギャンブル漫画。主人公・伊藤開司が、友人の保証人になったことをきっかけにさまざまなギャンブルに挑む。続編に『賭博破戒録カイジ』や『賭博堕天録カイジ』などがある。作中に登場する「帝愛」という企業グループは、借金のある人間を、地下の強制労働施設に監禁しています。そこでは、円ではなく「ペリカ」という独自の通貨が流通しています。

正解は「④肩たたき券」でした。

手に入れたペリカは、通貨ではなく地下王国内でのみ使用できる支払手段であると考えられます。焼き鳥やビール、1日外出権に交換することはできますが、円に交換することは、カイジたちの環境を考えると、1日外出権を使用した場合のみに限定されています。

よって、企業通貨や地域通貨といった用途や流通の限定された通貨に近く、選択肢の中で最も近いものは、概ね家庭で発行され、その家庭内のみで流通する「肩たたき券」と考えられます。

通貨の中には、「企業通貨」と「地域通貨」というものがあります。

企業通貨は、国家によって価値が保証された「法定通貨」ではなく、サービスを提供する会社による私製通貨です。

地域通貨はある特定の地域に限り価値があるものとして使用され、取引の種類が限定される通貨です。地下王国で帝愛が発行するペリカは、この2つに近いものと考えられます。

また、資金決済に関する法律によると「仮想通貨」とは、物を購入した場合に、不特定の者に対して使用することができる財産的価値であって、電子情報処理組織を用いて移転することができるものとされますので、ペリカは該当しません。

仮想通貨は、多くの場合、投資の対象となっています。**円から交換した仮想通貨の価値が10倍になっても、円に戻して利益が確定しない限り、課税の対象となりません。**利益が確定すれば、「雑所得」となります。

おこめ券は商品券のため、ペリカとは異なります。

まとめ

仮想通貨は円に替えると雑所得になる。

if…

もし日本に税金がなく、医療に使われるお金が減ったら……
歯医者は空気イス。

メルカリで日用品を売っても税金はかからない

ネットオークションの登場で誰でも簡単に、所有物を売買できるようになりました。しかし、販売して利益が出た場合、税金はかかるのでしょうか。確定申告をしなければいけないのでしょうか。

Q23 『こちら葛飾区亀有公園前派出所』より

両津勘吉が行った葛飾署のバザーで販売したエアガン30丁の売上の取扱いとして、最も近いのは次のうちどれか。ただし、エアガンの売上はすべて両津勘吉に入るものとする。

① 譲渡所得
② 雑所得
③ おこづかい
④ マネーロンダリング

警察署でクリスマスバザーが行われることになり、両津勘吉はエアガンを提供しました。バザーの売上は寄付されるものと思われますが、問題の作成にあたり、両津勘吉の提供したエアガンにかかる売上は、本人の所得として考えることとします。

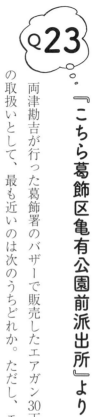

正解は「③おこづかい」でした。 A

両津勘吉は、エアガン30丁を販売しましたが、そもそも趣味で購入したものと考えられますので、売却しても所得として扱われません。

白鳥鉄工所・白鳥麗次のオートマのポルシェを一般人・豚田林《とんだばやし》くんに5万円で売却した売上は、譲渡所得の対象となります。ポルシェの販売としては安い金額ですが、白鳥麗次の父親を言いくるめて寄付させたため、取得金額は0円です。よって、5万円の譲渡所得となります。

生活用に使っていたものを売っても、所得税は課税されません。所得税の課税されない生活用のものには、家具、じゅう器、通勤用の自動車、衣服などがあります。しかし、貴金属や宝石、書画、骨とうなどで、1つの金額が30万円を超えるものの譲渡は課税の対象です。

2017年にメルカリで現金が販売されていると話題になりました。例えば、1万円札5枚が6万円で売られているのです。買えば買うほど損をしますが、売れているようでした。

この取引が成立するのには理由があります。メルカリでは、クレジットカード決済を携帯電話の引き落としと一緒にできる「携帯決済」が可能です。つまり携帯決済を利用して、クレジット枠を現金に替えているのです。多重債務者などの可及的速やかに現金が欲しい人が行なっていたようで、法律的には貸金業法や出資法に違反する可能性があります。

それでは、現金を売った人の税金はどうなるのでしょうか。

このような犯罪まがいの収入でも、税法上は課税を免れません。この辺りについては、P138を参考にしてください。

まとめ

生活用のものは売っても税金がかからない。

if...

もし日本に税金がなく、医療に使われるお金が減ったら……
金持ちは「様」で、低所得者は病名で呼ばれる。

家族を従業員にするなら必ずやるべき青色専従者給与

確定申告には、青色申告と白色申告があります。厳しい条件を満たして、青色申告にしたなら、青色専従者給与の恩恵を必ず受けましょう。とてつもなく得で、きっと、あなたの納税額を下げてくれます。

Q24 『タッチ』より

喫茶「南風」で働く浅倉南に対し、父・浅倉俊夫が支払った給与は基本的に経費にできません。しかし、南が青色事業専従者であれば、支払ったお金を経費にすることができます。次の中から青色事業専従者の条件として誤っているものを選びなさい。ただし、南風は有限会社や株式会社ではなく、浅倉俊夫が個人事業者として営むもので、青色申告の届出を管轄の税務署に提出しているとします。

① 浅倉南の年齢が15歳以上であること
② 浅倉南と浅倉俊夫が生計を一にする親族であること
③ 浅倉南が1年のうち6ヶ月以上南風で働くこと
④ 浅倉南が結婚していないこと

『タッチ』（あだち充）は、週刊少年サンデーで1981年から1986年まで連載された野球漫画。双子の弟・上杉和也の死をきっかけに甲子園出場を目指すことになった兄・達也とヒロイン・浅倉南の恋愛を描く、高校野球と恋愛の両軸を持った作品。浅倉南の父は、喫茶「南風」を営んでいます。

A 正解は「④浅倉南が結婚していないこと」でした。

浅倉俊夫が青色申告者で、南を青色事業専従者として届出を出していれば、家族に対する給与の支払いを経費にできます。双眼鏡を買うためにアルバイトをしていた上杉達也への支払いは、特段の条件などなく、経費にできます。

青色事業専従者とは、次の3つに該当する人です。

（1）青色申告者と生計を一にする配偶者その他の親族であること
（2）15歳以上であること
（3）その年を通じて6ヶ月を超える期間、その青色申告者の営む事業に専ら従事していること

所得税の確定申告には、青色申告と白色申告があります。青色申告のほうが帳簿の保存などに条件があり難しくなっていますが、特典が4つあり優遇されています。

（1）青色申告特別控除。取引を複式簿記により記帳し、貸借対照表と損益計算書を

添付して申告期限内に確定申告をすると、65万円の控除が受けられる

（2）青色事業専従者給与。届出書の提出が必要ですが、家族の給与を経費にできる

（3）貸倒引当金。売掛金、貸付金の貸倒れによる損失の見込額として、一部の金額を経費にできる

（4）純損失の繰越しと繰戻し。赤字を翌年以後3年間にわたって繰越すことができる

法人の場合は、社長の家族であっても給与を支払うことに条件はありません。もっとも、給与を支払うということは、勤務の実態があることが前提です。勤務実態のない家族への支払いは、仮装とみなされ、税務調査によって重加算税の対象となることがあります。

まとめ

家族への支払いを給与にするなら、青色専従者給与。

if…

もし日本に税金がなく、警察に使われるお金が減ったら……
警察犬ガリガリ。

犯罪で得た収益も確定申告しなきゃだめ

数年前、高校1年生3人が万引きで捕まったと報道されました。その高校では、1年生の1／3が常習的に万引きしていたそうです。僕は思いました。「あ、これは確定申告が必要だな」と……。

Q25 『HUNTER×HUNTER』より

キルア＝ゾルディックや、キルアの父シルバ＝ゾルディック、キルアの祖父ゼノ＝ゾルディックなどゾルディック家が暗殺稼業で得ている収入は、税法上どのように扱われるか。ただし、それぞれが、管轄のククルー税務署に開業届を提出し、個人事業で暗殺を行っているとする。

① 事業所得
② 雑所得
③ 給与所得
④ 非収益事業

ゾルディック家は暗殺で収益を得ています。所有する敷地は広大で、ビジネスとして成功している様子が伺えます。

A 正解は「①事業所得」でした。

収入はその収入のもととなった行為が適法であるかどうかを問いません。

よって、「暗殺稼業」での届出・申告が必要です。

犯罪を行って収入を得ていても、納税は免れません。所得税法基本通達36－1には「収入金額は、その収入の基因となった行為が適法であるかどうかを問わない」とされています。

つまり、万引きや強盗、詐欺、薬物の売買、暗殺、狙撃、スパイ、ハッキングで収入を得ている場合も、確定申告が必要です。

反社会的勢力に該当しますので、税務調査は特調部門が担当すると思われます。なお、調査中に死亡した場合でも、二階級特進などはありません。

また、幻影旅団がクロロ＝ルシルフルを代表取締役とする法人だった場合、幻影旅団メンバーに支払われるお金は、給与所得となります。クロロ＝ルシルフルの除念のために、除念師に支払ったお金は、福利厚生費となります。

また、ジン＝フリークスやドゥーンが制作したハンター専用ゲーム『グリードアイランド』は、彼らのハンターとしての業務とは関連せず、ハンターで得た収入からその経費を差し引くことはできません。しかし、58億ジェニー（作中の通貨）で100本販売しており、その収益から、ゲームの制作・販売・維持にかかった費用を経費として差し引くことができます。『グリードアイランド』は、一般的なゲームのような仮想空間ではなく、現実の島で行われており、参加者であるハンターたちは、『グリードアイランド』プレイ中にかかった費用を経費として計上できます。よって、ゲーム内で得た資産も、収入として計上することとなります。

まとめ

周りに犯罪で収入を得ている人がいたら、犯罪をとめ、かつ、確定申告をうながす。

if...

もし日本に税金がなく、警察に使われるお金が減ったら……
道を聞くと、グーグルマップのインストール方法を案内される。

税務調査における仮装・隠ぺい

税務調査において、納税者の行為が「不正」として認められるためには、「仮装」あるいは「隠ぺい」の事実がなくてはなりません。仮装・隠ぺいとは、例えば次のような行為です。

- **二重帳簿の作成**
- **帳簿書類を捨てる**
- **帳簿書類に嘘を書く**
- **売上や棚卸資産を帳簿書類に書かない**
- **帳簿に載っていない、いわゆる簿外資金を社長がもらう**

仮装・隠ぺいの事実が認められると、重加算税が賦課され、追徴税額が1・35倍になります。国税局の職員は、重加算税を賦課することを重要視していて、納税者が素直に不正を認めるのであれば、追徴税額を下げてくれることがあります。

※「帳簿書類」とは、領収書、請求書、総勘定元帳、見積書、損益計算書、貸借対照表、パソコンのデータなど。「棚卸資産」とは、年末や決算期末の商品の在庫。

第 4 章

経費・減価償却 会社にまつわる 税金の知識

経費になる支払い ならない支払い

あなたの支払いのすべてを、恣意的に法人や個人事業の経費にすることはできません。経費にするためには、合理的な決まりがあって、それを守らなければならないのです。

Q26 『ドラゴンボール』より

フリーザを、不動産業を営む法人の代表取締役と考えた場合、経費にできないものは次のうちどれか。

①スカウターの月額使用料、パケット代、本体購入代金
②戦闘服の購入代金
③ギニュー特戦隊がナメック星に出張したときの手当
④孫悟空に倒された後に機械で半身を改造した費用

フリーザは『ドラゴンボール』に登場する宇宙一の地上げ屋。スカウターは他人の戦闘力を測る道具、戦闘服はフリーザの一味が使用する制服、ギニュー特戦隊はフリーザの部下、ナメック星で孫悟空に倒されたフリーザは半身を機械にすることで命を取り留めました。

正解は
「④孫悟空に倒された後に機械で半身を改造した費用」
でした。

A

事業に関連しない支払いは経費にできません。改造が、仕事である各星の異星人を絶滅させるために役立つとしても、おもに生命を維持するために必要であり、経費にはできないと考えられます。

仮に、フリーザが初めから機械の体を持っていれば、改造にかかった費用は、フリーザの価値を高めるものとして「資本的支出（P160参照）」になります。

また、肉体の改造ではなく、武器や防具として着脱できるアタッチメントであれば、消耗品あるいは減価償却費として経費にできます。

また、メディカルマシーンは減価償却資産〈器具備品〉回復訓練機器〉6年に該当しますので、6年で減価償却費として経費にします。これらは、フリーザの業務に関連する支出となりますので、経費にできます。

経費について、知っておきたい基本的な知識を以下にまとめてみました。

▼事業所得、不動産所得、雑所得で経費にできる主なもの

・売上原価　・収入を得るために直接要した費用　・販売費　・一般管理費

▼必要経費の注意事項～プライベートと仕事を分けよう～

個人の業務においては支出がプライベートと仕事の両方にかかわりがある交際費、接待費、地代、家賃、水道光熱費のうち、経費になるのは業務遂行上直接必要であったことが明らかに区分できる金額のみです。

▼主な経費にならないもの

・家族に支払う地代家賃　・所得税や住民税　・罰金
・公務員への賄賂
・家族に支払う給与賃金（ただし、青色事業専従者給与は除く）

まとめ

仕事に関係がある支払いしか経費にできない。

if...

もし日本に税金がなく、警察に使われるお金が減ったら……
パトカーのサイレンの代わりに警察官が「ウー」って言う。

節税目的で購入した骨董品や美術品実は経費にできない

テレビを見ていると、「美術品を節税目的で購入した」という話を耳にします。実は、美術品は購入したからといって経費にできません。それでは、どのようなものが美術品に該当するのでしょうか。

Q27 『ONE PIECE』より

麦わらの一味の所有する武器のうち、次に掲げるものの中で、経費にできないのはどれか。ただし、作中でただで手に入れたものも、いくらかのお金を支払って買ったものとする。

① ウソップハンマー
② 天候棒（クリマ・タクト）
③ 黒刀秋水《こくとうしゅうすい》
④ ランブルボール

ウソップハンマーは、ウソップの武器、天候棒はナミの武器、黒刀秋水はロロノア・ゾロの武器、ランブルボールはトニートニー・チョッパーの道具で、彼らは全員、麦わらの一味の乗組員です。

A 正解は「③黒刀秋水」でした。

通常、物を買うと、支払いが確定したときに経費にできます。**減価償却資産であれば、使ったときから何年かに分けて経費にできます**（Ｐ１５２参照）。

ウソップハンマー、天候棒は減価償却資産、ランブルボールは消耗品になりますが、**刀のような美術品で「時の経過により価値の減少しない資産」はずっと経費にできません。**

しかし、黒刀秋水が１００万円未満なら減価償却資産として何年かに分けて経費にできます。

あるいは、ゾロがかつて使っていた「雪走《ゆばしり》」のように供養した時点で全額経費にできると考えられます。

以前は、美術関係の年鑑に登載されている作者の制作に係る作品であるか、取得価額が20万円以上であるかにより、美術品等が減価償却資産に該当するかどうかを判定していました。しかしながら、年鑑の掲載基準がそれぞれ異なるのではないか、また、20万円は低すぎるのではないかといった指摘があったため、改正が行われました。

現在は、**100万円未満である美術品等は原則として減価償却資産に該当し、100万円以上の美術品等は原則として非減価償却資産に該当します。**

なお、100万円以上の美術品であっても、「時の経過により その価値が減少することが明らかなもの」に該当する場合は、減価償却資産として取り扱うことが可能です。

まとめ

美術品や骨董品は、経費にするのが難しく、節税目的での購入はすすめない。

if...

もし日本に税金がなく、警察に使われるお金が減ったら……
取り調べ室が相部屋。

トニートニー・チョッパーは、税法上は仲間ではない

人語を操り、医者として雇用され、圧倒的に人気があったとしても、税法上の取扱いは、無慈悲です。仲間にならない場合、給与として支払った金額は法人の損金に算入できません。

Q28 『ONE PIECE』より

麦わらの一味をモンキー・D・ルフィを代表取締役とした法人と考えた場合、船医・トニートニー・チョッパーは、税法上何に該当するか。

①使用人
②役員
③家畜
④器具備品

トニートニー・チョッパーは麦わらの一味の乗組員で、ヒトヒトの実を食べたトナカイです。

A 正解は「④器具備品」でした。

トニートニー・チョッパーは減価償却資産耐用年数表の器具備品〉生物〉動物〉その他のもの〉8年に該当しますので、**8年で減価償却したあと価値が1円になります。**

船大工・フランキーことカティ・フラムは、体の半分を機械と目算した上で、半分が従業員、半分が車両運搬具と考えられます。

あるいは、半分が従業員、半分が機械装置ですが、車両運搬具か機械装置であるかについては、今後、性能が公表されて行く過程で検討したいところです。どちらにせよ、中古です。

建物、機械、器具備品、自動車は、一般的には時の経過や使用によってその価値が減っていきます。このような資産を「**減価償却資産**」といいます。

減価償却資産の購入金額は、すぐに経費になるのではなく、使用可能期間で分割して経費にします。使用可能期間は「耐用年数」として、定められています。

図表13 減価償却資産と例外

減価償却資産とは

- 時の経過によって価値が減っていく資産
- 「耐用年数」という使用可能期間で分割して経費にする

減価償却資産の一例

建物　機械　器具備品　自動車

例外的にすぐに経費にできるもの

- 使用可能期間が1年未満のもの
- 10万円未満のもの
- 10万円以上、30万円未満のもの(条件あり)

まとめ

トニートニー・チョッパーは器具備品。仲間ではない。取得したら減価償却しよう。

if...

もし日本に税金がなく、警察に使われるお金が減ったら……
警察手帳がお下がり。

人間以外の知性を持った生物や機械は、従業員になるか

ボノボのように遺伝子レベルでは人間とほとんど変わらない生物でも、人語を操ることはできません。しかし、知性を持ち、人語を操る生物が現れた場合、税法上どのように扱われるのでしょうか。

Q29 『ドラゴンボール』より

神様を法人の代表取締役、神様の付き人・ミスターポポを役員とした場合、神龍はどのように取扱われるか。

① 役員
② 従業員
③ 消耗品
④ ペット

ドラゴンボールを7つ集めると、神龍が出てくるらしいです。神龍は、ミスターポポの作った模型に神様が命を吹き込んで作られます。

正解は「③消耗品」でした。 A

神龍はミスターポポが作った模型からできており、資産的価値は低いものと考えます。

また、人類以外の人間がいるドラゴンボールの世界においても、球を集めると出てくる、生活をしている様子がないなど、生物としての可能性が乏しいため、役員や従業員の可能性は低いと考えますので、消耗品として、買ったり作ったりした費用は経費にできます。

ただし、資産的価値が30万ゼニー（作中の通貨）以上だった場合は、「その他の生活関連サービス業用設備」として減価償却をすることになります。その場合、耐用年数は6年ですので、6年経つと神龍の価値は1円になります。

この特例の対象となるのは、青色申告で資本金1億円以下の法人で、従業員の数が1000人以下の場合に限られます。

この特例の対象となる資産は、取得価額が30万円未満の「**少額減価償却資産**」です。

図表14　神龍の減価償却

神龍を減価償却する

- 神龍の資産的価値が30万ゼニー以上だった場合、購入金額はその年の経費にできず、減価償却することになる
- 神龍は30万ゼニーで購入した場合、30万ゼニー÷6年＝5万ゼニーなので、毎年5万ゼニーずつ経費にできる

減価償却のイメージ

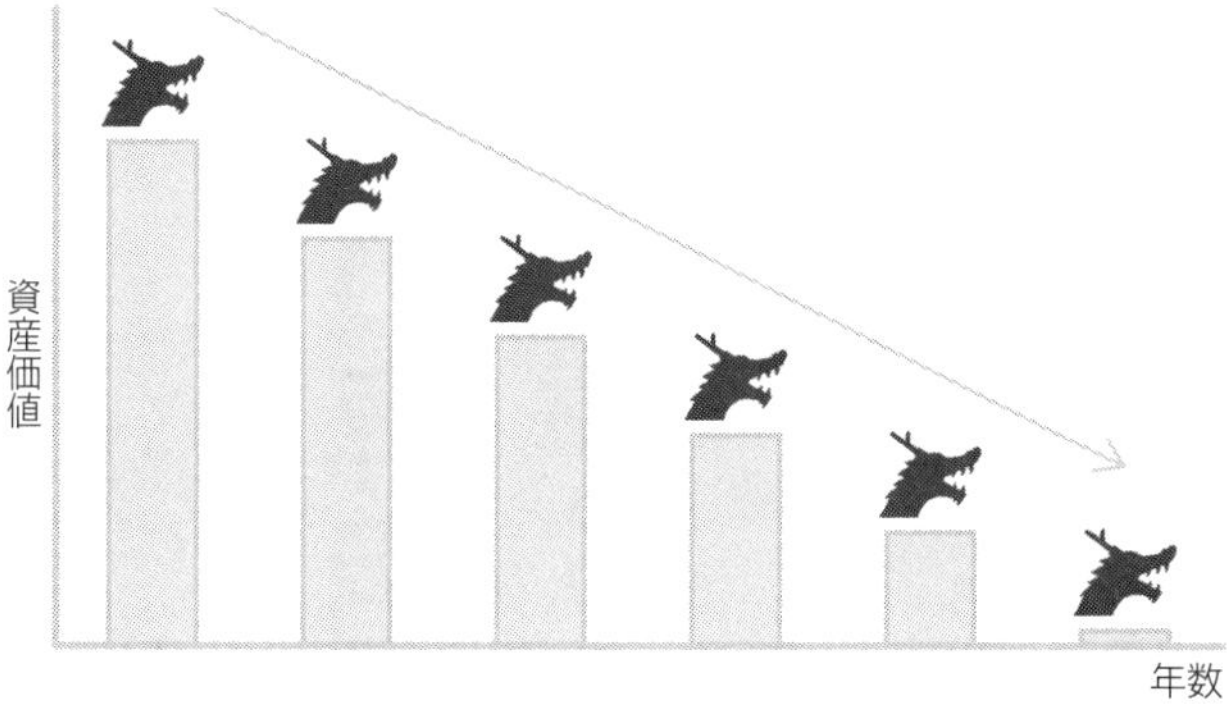

- 6年経つと、神龍の価値は1円になる

まとめ

知性や心があっても、概ね、消耗品か減価償却資産となる。

if...

もし日本に税金がなく、道路に使われるお金が減ったら……
踏むと崩れるマンホール。

社用車を役員の専用車として真っ赤に塗った場合の取扱い

会社名を入れたり、独自のカラーリングを施したりした自動車を街で見かけることがあります。それらは税法上どのように扱われるのでしょうか。かっこよく赤く塗っただけでも経費になるのでしょうか。

Q30 『機動戦士ガンダム』より

ジオン軍のシャア・アズナブルが搭乗するザクⅡを、シャア専用として赤く塗った塗装費用の取扱いとして、最も近いものは次のうちどれか。ただし、ジオン軍はジオン公国内の法人とする。

① 資本的支出
② 交際費
③ 広告宣伝費
④ シャア・アズナブルへの給与

『機動戦士ガンダム』（監督・富野喜幸）は、1979年から1980年まで放送された日本サンライズ制作のロボットアニメ。偶然ガンダムのパイロットとなった主人公・アムロ・レイが、ライバル・シャア・アズナブルをはじめさまざまな人々と出会い、戦う中で成長していく物語。シャア・アズナブルはジオン軍に数多いる軍人のうちの1人ですが、登場するモビルスーツに、独自のカラーリングを認められていました。

正解は「③広告宣伝費」でした。

A

シャア専用ザクのカラーリングは、「赤い彗星」と呼ばれるシャア・アスナブルの英雄化の一翼を担っており、味方の士気を上げ、敵対する地球連邦軍の兵士を萎縮させるなどの効果があると考えられます。

資本的支出とは、モビルスーツの修理や改良で、価値を高めたり、耐久性を増したりするものです。赤く塗ることが、シャア・アスナブルの経済的利益となる場合は、給与として取扱われますが、経済的利益となる事実は確認できませんので、緑色のザクを赤く塗る行為に最も近いのは「**広告宣伝費**」となります。

また、「見せてもらおうか、連邦軍のモビルスーツの性能とやらを」と言って、ガンダムなどを見せてもらい、連邦軍に費用を支払った場合は、「調査費」または「研究費」として経費にできます。

アムロ・レイが通常のパイロットではありえないほどの判断力と鋭敏な操縦技能を獲得した際に、強化のためにガンダムにマグネットコーティングが施されたことがあります。こちらは、ガンダムの価値を高めるものであり、資本的支出となると考えられます。

資本的支出は、例えば次のようなものです。

(1) 建物の避難階段の取付
(2) 用途変更のための模様替え、改造、改装
(3) 機械の部品をとくに品質や性能の高いものに取り替えた費用のうち通常の取り替えを超える部分の金額

まとめ

赤い彗星には宣伝効果がある。

if...

もし日本に税金がなく、警察に使われるお金が減ったら……
牢屋がワンドリンク制。

会社が所有するクルーザー税金はどうなっている？

節税目的で、クルーザーを購入する社長は大勢います。購入代金を減価償却資産として、何年かで経費にし、マリーナの停泊料や上げ下ろしの代金も福利厚生費として損金に計上しています。

Q31 『ONE PIECE』より

麦わらの一味が所有していた船舶・ゴーイングメリー号の取扱いとして正しいものはどれか。

ただし、ゴーイングメリー号の重さは20トン以上あるものとする。

① 住居
② 車両運搬具
③ 不動産
④ 仲間

ゴーイングメリー号は麦わらの一味が最初に乗っていた海賊船。船の重要な部位である「竜骨」の損傷により、航行不能に。仲間に見守られながら燃やされ、海底に沈みました。

A 正解は「③不動産」でした。

重さ20トン以上の船舶は不動産として扱われます。それと同時に、減価償却資産でもありますので、取得金額を何年かに渡って経費にできます。

麦わらの一味がゴーイングメリー号を焼却処分した場合、そのときのゴーイングメリー号の価値の分だけ経費にすることができますので、その年に財宝がたくさん見つかれば、その都度、船を燃やすといいでしょう。

クルーザーの法定耐用年数は4年です。僕の知人が所有するクルーザーは「8000万〜1億2000万円する」と聞きました。それほど高額な資産を4年で減価償却できるのは稀です。中古であれば、さらに耐用年数が短くなり、速やかに経費にすることができます。

中古資産の耐用年数は、使用可能期間として見積もられる年数によって決められます。使用可能期間の見積りが困難であるときは、次の簡便法を使います。ほとんどの場合、見積もりは難しいと考えられますので、簡便法を用いることになります。

簡便法（1） 4年以上使ったクルーザーを買った

耐用年数の20％に相当する年数→4年×20％→9・6ヶ月→2年

簡便法（2） 1年だけ使ったクルーザーを買った

耐用年数から使った年数を差し引いて、使った年数の20％を加える→3年＋2・4ヶ月→3年

（※2年に満たない場合は、2年。1年に満たない端数は切り捨てです）

ただし、その中古資産の金額が、新品を買ったときの金額の50％を超える場合には、新品と同じように法定耐用年数で減価償却します。

法人の資産として購入していますので、経費にするためには、業務や従業員の福利厚生として使用することが必須です。

まとめ

クルーザーは経費にできる。中古なら、2年で経費にできる。

if…

もし日本に税金がなく、道路に使われるお金が減ったら……
ガードレールが白金と西麻布にしかない。

外国人従業員の給与も、源泉徴収が必要

日本国籍を持たない、一時的に日本に来たような人に働いてもらった場合は、母国で納税するので、日本人と同じように源泉徴収する必要はないのでしょうか。

Q32 『ドラゴンボール』より

ピッコロは、ナメック星に勤務している戦闘タイプのナメック星人ネイルを引き抜き、「ピッコロのきっかけ」として採用するに当たり、ピッコロからネイルに契約金4万2000ゼニーを支払うこととした。この場合、この支払いは源泉徴収が必要か。ただし、ナメック星は国外として取扱う。

① ナメック星で支払うなら必要
② 地球で支払うなら必要
③ 場所に関係なく必要
④ 常に不要

ナメック星の神龍・ポルンガが叶えた願いでナメック星に行ったピッコロは、ナメック星唯一の戦闘タイプであった瀕死のネイルと同化し、「信じられんほどのすさまじい力」、究極のパワーを手に入れました。「オレはオレでいたい！ 人格まで貴様などとは同化したくはない」と言ったピッコロに対し、ネイルは「し…心配するな…人格は お…お前のものだ…わたしは た…ただのきっかけにすぎない…」と答えました。

正解は「③場所に関係なく必要」でした。 A

ネイルに支払う契約金はナメック星で支払っても地球で支払ったものとみなされるため、源泉徴収が必要です。

ネイルは、契約金を受け取る時点ではまだ地球に来ていないので、非居住者（いわゆる外国人）に該当します。また、ネイルに支払う契約金は、ピッコロのためにきっかけを提供することを約束することにより受け取る対価です。

したがって、この契約金は、地球において人的役務を提供することに基づいて、ナメック星において支払いを受けるものに該当し、国内源泉所得に該当するほか、ピッコロが地球に事務所を有する場合には、地球において支払ったものと同様、その支払いの際に源泉徴収を要することとなります。

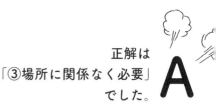

この場合の源泉徴収税額は、支払った日の属する月の翌月末日までに納付する必要があります。

また、地球の神様としてナメック星人のデンデをスカウトしたときに、デンデに契約金が支払われた場合も国内源泉所得に該当し、源泉徴収が必要です。しかし、デンデを紹介した最長老に支払われた紹介料は、ナメック星での役務の提供ですので、源泉徴収の必要はありません。

「国内源泉所得」には次のようなものがあります。

- 国内にある資産運用による所得
- 国内の土地の販売
- 国内で行う人的役務の提供
- 国内にある不動産の貸付けの対価
- 給与、賞与、人的役務の提供に対する報酬のうち国内において行う勤務のもの

まとめ

非居住者（外国人）への支払いでも、日本国内での役務の提供には源泉徴収が必要。

if...

もし日本に税金がなく、道路に使われるお金が減ったら……
「金持ちを除く　一方通行」。

従業員に横領された
それでも会社の収入になる

事業を行っていると、常に従業員の不正を心配しなければなりません。社員の失敗は会社の責任。税法では、社長が知らなかったとしても、会社がその責任を免れるものではありません。

Q33 『千と千尋の神隠し』より

油屋の従業員が勝手に拾って隠匿したカオナシがまいた金《きん》の取扱いとして、最も近いのは次のうちどれか。ただし、油屋は湯婆婆《ゆばーば》が社長を務める法人とする。

① 千の給与
② 油屋の所得
③ 釜爺《かまじい》のボーナス
④ 千尋の両親が変化した豚の一時所得

『千と千尋の神隠し』（監督・宮崎駿）は、2001年に公開されたスタジオジブリ制作のアニメ映画。神々の世界に迷い込んだ10歳の少女・荻野千尋（千）が、魔女の湯婆婆の銭湯「油屋」で働きながら、元の世界に帰るために奮闘する。カオナシは、千にハマるために、手から金を出しました。千には受取を拒否され、その後、油屋内に金をまきました。

A 正解は「②油屋の所得」でした。

カオナシがまいた金は、銭湯としてのサービスの対価と考えられます。よって、金は油屋の所得となり、それをカエルを中心とした従業員たちが横領したことになります。このあと、油屋には横領したカエルたちに対する横領損と損害賠償請求権が発生します。

横領等の不法行為があった場合にどのように取り扱うか個別の規定は存在しません。判例では、従業員の地位や立場・権限の状況等から見て、判断することとしていますが、**概ね、法人の収益とされています。**

具体的には、取引先からのリベートなどですが、従業員が私的に流用しても、横領の発覚ののちに法人の収入として計上します。その後、横領損や従業員に対する損害賠償請求権が発生するのが一般的です。

また、主人公・荻野千尋は10歳です。このような児童を労働させることについて、法律的に問題はないのでしょうか。

憲法27条で「児童は、これを酷使してはならない。」とあります。

さらに、労働基準法56条では、児童が15歳になって最初の3月31日が終了するまでは働かせてはならない、とされています。時折、中学生の頃から新聞配達をしていた、という方がいます。これが、労働基準法違反になるかというとそうではなく、13歳以上であれば児童の健康及び福祉に有害でなく、かつ、その労働が軽易なものについては、行政官庁の許可を受けて修学時間外に働かせることができる、とされています。学校にちゃんと行って、早朝や放課後なら中学生でも働くことができるわけです。では、CMに出ている赤ちゃんとか、ドラマの子役の子はどうでしょう。労働基準法では、13歳未満でも映画の製作又は演劇の仕事であれば働かせることができる、とされています。

まとめ

社員の横領は会社の責任。

if...

もし日本に税金がなく、道路に使われるお金が減ったら……
金持ちには青信号にするボタンが配布される。

対税務調査に役立つ知識集④

税務調査とタバコ

現在ではほとんどないかもしれませんが、僕が東京国税局で働いていた当時は、税務調査中にタバコが吸えました。バブルの頃やバブルがはじけてからも、国税局内の喫煙者は多く、勤務中はデスクで吸っていました。当時の新人は、1日中灰皿を洗い、ヤニにまみれていたそうです。

日本が文化的に発展するに連れ、だんだんと、喫煙への世間の風当たりは強くなっていきました。喫煙所を設け、職員はそこへ臨場しなければタバコが吸えない環境にさらされます。いつしか、税務調査中の喫煙も、控える傾向になりました。帳簿にタバコを落として穴を開けてしまうような、お粗末なミスを侵さないためです。社長やさむらい（税理士）に促されても、吸わないことが多いようです。

しかし、何時間か調査をしていると、調査官がおもむろにタバコを出して、吸いだすことがあります。調査時間は限られているのに、のんびりと煙をくゆらし、天井を見つめる。

これは〝あるある〟なのですが、「テンパイタバコ」といって、不正や大きな金額の誤りを見つけたら、自分へのご褒美で吸っていい、という慣習です。

もし、みなさんのところに税務調査が来て、調査官がタバコを吸ったら……。素直にすべてを話すことをおすすめします。

第 5 章

相続税・贈与税で得する

遺言書がなくても相続できる「法定相続分」

不慮の事故で家族が亡くなり遺言書がない場合、亡くなった人の財産は、民法に定められた割合で、親族で分け合うことになります。これが、法定相続分です。

Q34 『サザエさん』より

磯野波平が亡くなった場合、法定相続分の組み合わせとして正しいのは次のうちどれか。

① フグ田サザエ1/6 磯野カツオ1/6 磯野ワカメ1/6 フグ田マスオ1/2

② フグ田サザエ1/6 磯野カツオ1/6 フグ田タラオ0 磯野フネ1/2

③ フグ田サザエ1/3 磯野カツオ1/6 磯野ワカメ1/6 磯野フネ1/6

④ フグ田サザエ1/9 伊佐坂先生1/9 三河屋のサブちゃん1/9 裏のおじいちゃん2/3

『サザエさん』(長谷川町子)は、朝日新聞ほかで1946年から1974年まで断続的に連載された4コマ漫画。フグ田サザエとその家族・磯野家を中心に描かれる国民的漫画。

正解は
「②フグ田サザエ1／6　磯野カツオ1／6
フグ田タラオ0　磯野フネ1／2」でした。

A

法定相続分とは、民法で定められた相続できる割合のことです。とくに遺言などがなければ、相続財産は法定相続分で分けることになります。

民法の規定に従えば、波平が亡くなった場合、配偶者1／2、子1／2で分けることになりますので、磯野フネ1／2、フグ田サザエ1／6、磯野カツオ1／6、磯野ワカメ1／6となり、孫であるフグ田タラオの相続分はありません。

仮に、遺言書によって、法定相続人に相続させない旨の記述があっても、「遺留分」というものがあって、法定相続分の1／2まで保証されています。だから、亡くなった人にどんなに嫌われていても、全く財産がもらえないことはないので安心してください。

子がおらず、配偶者と親だけの場合は、配偶者2／3、親1／3。子がおらず、配偶者と兄弟だけの場合は、配偶者3／4、兄弟1／4となります。配偶者がいない場合は、子、親、兄弟のうち順位の高いカテゴリーの人が相続します（P182参照）。

図表15　法定相続人と法定相続分

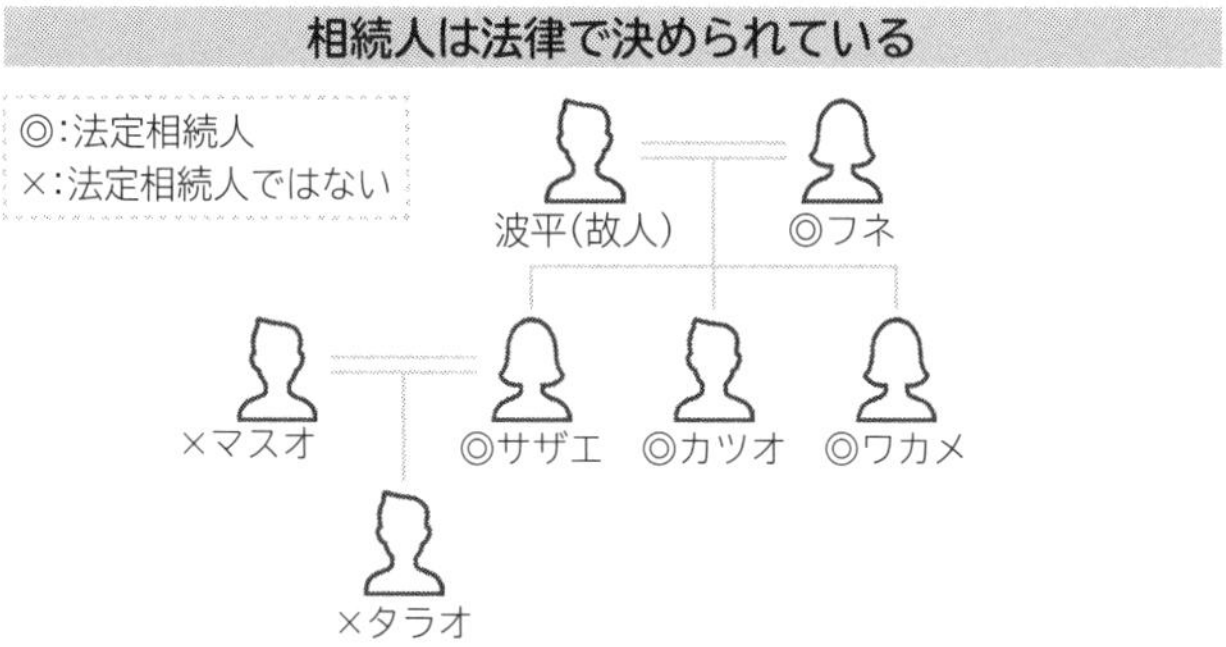

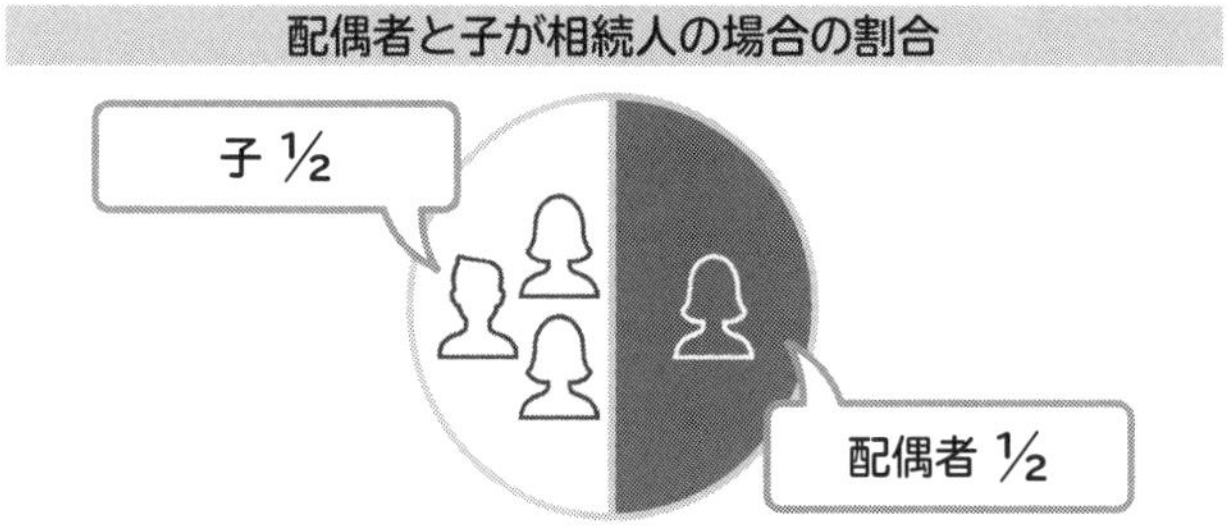

※磯野家の場合、子が３人いるので、２分の１を均等分割する

まとめ

遺言がなくとも家族なら相続できるが、遺言があったほうが揉めない。

if...

もし日本に税金がなく、道路に使われるお金が減ったら……
金持ちの信号は通りゃんせ、低所得者はF1のテーマで急かしてくる。

相続の優先順位を知れば、自分が相続できるかわかる

法定相続人には順位があります。基本的に、亡くなった人を基準に、2番目の人までしか、相続できません。それ以外の人が相続するためには、遺言書が必要です。

Q35

『タッチ』より

上杉和也の死亡後、上杉和也の財産を相続するのは、次のうち誰か。

① 浅倉南
② 上杉達也
③ 両親
④ 原田

上杉和也は高校1年生の夏、甲子園予選決勝に向かう途中で子どもをかばってトラックにはねられ、死亡します。

正解は「③両親」でした。A

和也の財産は、父と母が1／2ずつ相続することとなります。

また、和也の遺品のうち、ユニフォームやバット、グローブなどは、両親が相続したのち達也に譲渡したものでなければ、達也が勝手に使っているものと考えられます。また、和也の意思で友人である原田に相続させたい旨の遺言書を残せば、相続税2割増し（P198参照）で、原田も相続することができます。

法定相続人には順位があります。死亡した人の夫や妻は常に相続人となります。しかし、単独で相続できるわけではなく、それ以外の親族と一緒に相続人になります。それ以外の親族には序列があります。

第1順位
子ども
第2順位
死亡した人の父母（第2順位の人は、第1順位の人がいないとき）

第3順位

兄弟姉妹（第3順位の人は、第1順位の人も第2順位の人もいないとき）

法定相続分は相続人によって、次のようになります。

・配偶者と子供が相続人である場合

配偶者1／2　子1／2

・配偶者と直系尊属（親、祖父母）が相続人である場合

配偶者2／3　直系尊属1／3

・配偶者と兄弟姉妹が相続人である場合

配偶者3／4　兄弟姉妹1／4

まとめ

配偶者と子どもは常に相続できる。親と兄弟は、相続人次第。

if…

もし日本に税金がなく、区役所に使われるお金が減ったら……
選挙の投票会場が無人で、不正し放題。

日本に住んでいなくても相続税はかかる？

相続税を何十億、何百億円と取られるのを回避するために、海外へ居所を移す大金持ちがいます。ただし、海外に住んでいるだけでは、日本国内の相続税は免れないのです。

Q36 『幽☆遊☆白書』より

主人公・浦飯幽助や主人公の仲間・桑原和真など数名は浦飯幽助の師匠・幻海師範《げんかいしはん》から土地（とりあえず見えるとこ全部）を、遺言により相続したが、非居住者である霊界案内人・ぼたんは相続税の支払いを要するか。

① 必要
② 不要
③ 相続した土地を「人がいじくっていい場所じゃねーよ」と言って放っておいたので不要
④ そもそも相続できない

『幽☆遊☆白書』（冨樫義博）は、週刊少年ジャンプで1990年から1994年まで連載された格闘漫画。交通事故で死亡した主人公・浦飯幽助が霊界探偵となり、仲間たちと活躍を描く冒険活劇。幻海師範と主人公たちに血縁関係はありませんが、身内のいなかった幻海師範は、主人公たちに相続させることにしたようです。

正解は「①必要」でした。 A

非居住者とは、日本に住所のない人のことです。

ぼたんの住所は霊界にあると考えられますので、外国人と同じように「非居住者」として扱われます。しかし、**非居住者であっても、日本国内の財産を相続した場合は、その分に課税されます。**

幻海師範から相続した土地は「俺らのポケットにゃ大きすぎらぁ」と言って、妖怪達の隠れ家として自然のまま残され、売却された様子はありませんが、相続税の支払いは必要です。相続人それぞれに納税の義務があります。

相続税を逃れるために、海外に移住して、資産も海外に移すお金持ちの方がいます。シンガポールやマレーシアなど相続税のかからない国は、いくつもあるからです。そのような状況を、国税局は良しとしませんでした。

基本的に、相続をしたときに外国に住んでいて日本に住所がない人は、日本国内にある財産だけが相続税の課税対象になります。

ただし、次のいずれかに該当する人は、海外にある財産についても相続税の対象になります。難しいので、このあとの太字だけ読んでも構いません。

(1)相続をしたときに日本国籍を有している人で、10年以内に日本国内に住所を有したことがある場合か、同期間内に住所を有したことがなく被相続人が一時居住被相続人又は非居住被相続人でない場合

(2)相続をしたときに日本国籍を有していない人で、被相続人が一時居住被相続人、非居住被相続人又は非居住外国人でない場合

悪魔的に複雑なので、簡単に言うと、**亡くなった人も相続する人も10年以上日本に住所がなければ、海外にある資産には相続税がかからない、10年以内に日本に住所があると、海外にある資産にも日本の相続税がかかる、となります。**

まとめ

相続税の節税を考えるなら、日本国外に財産を移し、10年以上海外に住む。

if...

もし日本に税金がなく、区役所に使われるお金が減ったら……
500円入れたら番号札が出てくる。

相続税がかからない財産がある

相続税法では、「相続税がかからない財産」が定められています。主なものとして、生命保険金や退職金の一部などがあります。

Q37 『本格科学冒険漫画 20世紀少年』より

ともだち（フクベエ）が死亡し、遺言によってカツマタくん（ともだち）が財産を相続した場合、相続税のかからない財産として認められる可能性が最も低いものは次のうちどれか。

① よげんのしょ
② 忍者ハットリくんのお面
③ 巨大ロボット
④ 鉄人28号のメンコ

『本格科学冒険漫画 20世紀少年』（浦沢直樹）は、ビッグコミックスピリッツで1999年から2006年まで連載されたSF漫画。謎の人物・ともだちが起こす世界各地の異変に主人公・ケンヂと仲間たちが立ち向かう物語。ともだちの正体は、同級生のフクベエで、同じく同級生のヤマネくんに銃で撃たれて死亡しました。

正解は「③巨大ロボット」でした。 A

ともだちが死んで、誰が財産を相続するのかは明らかにされていませんが、遺言書などがあれば、側近の万丈《まんじょう》目《め》胤舟《いんしゅう》やカツマタくんも相続することができます。

その場合、宗教的価値があるともだちの遺品は、今後も宗教的事業や友民党の活動に使われる可能性があります。よって、ともだちの大切にしていた鉄人28号のメンコや忍者ハットリくんのお面は、相続税がかからない財産と考えます。また、よげんのしょも仏具に相当するものと考えられますので、相続税がかかりません。

巨大ロボットは、宗教事業とは異なり、あくまで世界征服のためのものですので、相続税がかからないものに該当しないと考えられます。

以下に、相続税がかからない財産を一部抜粋しました。

・墓地や墓石、仏壇、仏具、神を祭る道具など（骨とう的価値があるものを除く）
・宗教、慈善、学術を行う人が相続した財産で、公益に使われることが確実なもの

・生命保険金の一部
・退職金の一部
・幼稚園の事業に使われていた財産の一部
・国又は地方公共団体に寄附したもの

まとめ

宗教に関するものは、相続税がかからない。

if...

もし日本に税金がなく、区役所に使われるお金が減ったら……
待ち時間2年。

葬式費用で相続税を安くする

相続税には、基礎控除がありますが、それ以外にも相続財産から差し引くことができるものがあります。事前に把握しておけば、いざというときに効率よく財産を消費できるでしょう。

Q38 『機動戦士ガンダム』より

ザビ家の四男・ガルマ・ザビの死亡にともなって、長男・ギレン・ザビは国葬を行いました。葬式に関連する費用のうち、相続財産から差し引けないものは次のうちどれか。

① でかい遺影
② 大量の花
③ ガルマ・ザビの遺体の捜索費用
④ 葬式に参加したジオン軍兵士への香典返し

シャアの策謀によって死に至ったガルマ・ザビは、プロパガンダとして、盛大に葬儀を行われることとなりました。

A 正解は「④葬式に参加したジオン軍兵士への香典返し」でした。

通常、葬式に直接関わる葬式にかかせない費用は、相続財産から差し引くことができます。

また、ガウ攻撃空母がホワイトベースの攻撃によって沈んだため、搭乗していたことでかかったガルマ・ザビの遺体の捜索費用や運搬費、火葬代も同様です。

ガルマ・ザビの国葬に伴って、ギレン・ザビが行なった演説・全国放送の費用は、葬式にかかせないものではありませんので、相続財産から差し引くことはできないと考えます。

しかし、ジオン公国の事業の広告として行なったのであれば、所属する法人や個人の損金にできます。

葬式費用になるものとならないものは、以下の通りです。

葬式費用となるもの

（1）葬式や葬送に際し、火葬や埋葬、納骨をするためにかかった費用

（2）遺体や遺骨の回送にかかった費用
（3）お通夜などにかかった費用
（4）お寺などに対して読経料などのお礼
（5）死体の捜索又は死体や遺骨の運搬にかかった費用

葬式費用に含まれないもの

（1）香典返しのためにかかった費用
（2）墓石や墓地の買入れの費用や借りるための費用
（3）初七日や法事の費用

まとめ

相続税でもっていかれるなら、豪華な葬式にしようと考えるかもしれないが、葬式費用を節約したほうが、手元に残る相続財産は増える。故人を偲んで節度ある使い方を心掛ける。

if...

もし日本に税金がなく、区役所に使われるお金が減ったら……
全ボールペンがインク切れ。

相続税の2割増しを回避する工夫

親族の中の一部の人以外は、相続税が2割増しになります。相続財産や基礎控除の金額を鑑みて、誰を相続人にするか考えるとよいでしょう。基礎控除内なら、2割加算も関係ありません。

Q39 『北斗の拳』より

ラオウが「我が生涯に一片の悔いなし」と天に帰ったのち、遺言によって以下の親族全員に相続させることになったとき、相続税が2割増しにならないのはだれか。

① 子・リュウ
② 兄・カイオウ
③ 弟・トキ
④ 妹・サヤカ

『北斗の拳』（原作・武論尊、作画・原哲夫）は、週刊少年ジャンプで1983年から1988年にかけて連載された格闘漫画。核戦争後の荒廃した世界で伝説の北斗神拳伝承者・ケンシロウが強敵たちと死闘を繰り広げる。ケンシロウとの戦いののち、ラオウは命を落としました。

正解は「①子・リュウ」でした。

A

ラオウの子であるリュウと兄弟であるカイオウ、トキ、サヤカは相続税の計算が異なります。

兄弟は相続税額が2割加算となるためです。また、兄弟は法定相続人の第3順位ですので、子が存命のときは遺言がなければ、相続できません（P182参照）。

また、義兄弟であるケンシロウやジャギも、遺言があれば相続できますが、やはり2割加算となります。

相続によって財産を取得した人が、亡くなった人の一親等の血族（父母、子）及び配偶者以外の人である場合には2割の金額が加算されます。

相続財産が基礎控除内なら、2割加算は回避できます。左ページでラオウの相続をシミュレーションしています。

図表16　相続税2割加算を回避する方法

相続税の2割加算とは

配偶者・子・親以外の人が財産を取得した場合、本来の相続税に2割加算した金額を納める

相続財産が基礎控除内なら2割加算されない

基礎控除の金額
3000万円+(相続人の人数×600万円)

ラオウの相続の場合
●法定相続人は1人(リュウ)

つまり
3,000万円+(1人×600万円)=3,600万円

つまり、ラオウの相続財産が、3,600万円以下なら、相続税の2割増しを回避できる。

まとめ

亡くなった人の配偶者、子、親以外は相続税が2割増しとなる。

if...

もし日本に税金がなく、区役所に使われるお金が減ったら……
造花すら枯れている。

配偶者なら基礎控除の数倍の相続をしても、相続税がかからない

相続税の基礎控除は、3000万円＋法定相続人×600万円ですが、配偶者ならそれ以上の財産を相続しても、相続税がかからない「配偶者の税額の軽減」があります。

Q40 『寄生獣』より

旅行中にパラサイトに殺された主人公・泉新一の母・信子の財産の相続において、父・一之の控除金額はいくらになるか。

① 4200万円
② 8000万円
③ 1億6000万円
④ 控除はない

『寄生獣』（岩明均）は、モーニングオープン増刊、月刊アフタヌーンで1988年から1995年まで連載されたSF漫画。寄生生物（パラサイト）のミギーと共生することになった高校生・泉新一が寄生生物との闘いに巻き込まれていくストーリー。信子はパラサイトに首から下を乗っ取られ死亡しました。その後、当該パラサイトはミギーとジョーに倒されました。

正解は「③1億6000万円」でした。 A

泉新一の両親は、旅行中に海の近くの崖でパラサイトに襲われました。泉信子は首から上をすげ替えられ、乗っ取ったパラサイトは、一体で泉家にやってきます。その後、泉新一とミギーがパラサイトを倒し、泉信子は完全に死亡しました。

通常であれば、法定相続人は泉新一と泉一之の2人なので、3000万円＋法定相続人の数×600万円で基礎控除は4200万円となります。

基礎控除を使って、少し複雑な計算をすると、泉新一と泉一之の相続税が算出されるのですが、泉一之は相続財産が1億6000万円までなら算出された相続税がかかりません。

相続税には**「配偶者の税額の軽減」**という制度があり、配偶者のもらう財産が

（1）1億6000万円

（2）配偶者の法定相続分（通常であれば半分）

のどちらか多い金額までなら相続税がかかりません。

また、市長・広川剛志は、市長に当選する前から寄生獣である後藤や草野を雇用していました。当選後も、市の職員として雇用していたと考えられます。しかし、人間ではない寄生獣に支払った金銭は、自分のペットに現金を渡していることと変わらず、広川本人に帰属するものと考えられます。後藤や草野、その他の寄生獣に支払った金額を、広川の収入として加算し、確定申告をする必要があります。

また、寄生獣である田村玲子が、泉新一を調べるために雇った探偵への支払いは、業務関連性がなく、経費にはできないと考えます。田村玲子たちが人間を捕食するための食堂を作り、コミュニティを作っていたのは、事業ではなく、あくまで「生き方」だからです。

まとめ

相続税を少なく済ませたい家庭は、法定相続分を超えて配偶者にたくさん相続させると良い。手続きが必要なので、「配偶者　税額の軽減　国税庁」で調べる。

if...

もし日本に税金がなく、学校に使われるお金が減ったら……②
校長見ていたかくれんぼお金を出した子一等賞。

未成年なら相続税は少なくなる

未成年者の場合、条件を満たせば相続税の控除が受けられます。その金額は、その未成年者の年齢によって異なります。控除を把握し、相続税額を正確に算出して、ライフプランニングに活かしてください。

Q41 『鋼の錬金術師』より

鋼の錬金術士エドワード・エルリックと弟のアルフォンス・エルリックが、母のトリシャから財産を相続する際、「未成年者の税額控除」が受けられるが、その控除額として正しいのは次のうちどれか。ただし、トリシャが死亡したとき、エドワードは5歳、アルフォンスは4歳であった。

① エドワード15万円　アルフォンス16万円
② エドワード150万円　アルフォンス160万円
③ エドワード1500万円　アルフォンス1600万円
④ エドワード1センズ　アルフォンス1センズ

『鋼の錬金術師』（荒川弘）は、月刊少年ガンガンで2001年から2010年まで連載されたファンタジー漫画。錬金術師の兄弟・エドワードとアルフォンスが、失った体を取り戻す旅を描く。エドワードとアルフォンスは母・トリシャの死後、トリシャの人体錬成を試み、失敗。エドワードは右腕と左足を、アルフォンスは全身を失いました。

正解は
「②エドワード 150 万円　アルフォンス 160 万円」
でした。

A

未成年者の税額控除により、20歳になるまでの年数×10万円の税額控除が受けられます。

税額控除ですので、基礎控除とは異なり、色々と複雑な計算があって、エドワードとアルフォンスのそれぞれの相続税額を算出したのちに、そこから控除することになります。

また、2人の主な相続財産は、家と土地、錬金術に関する資料になると思われます。それらが基礎控除4200万円を超えるほどの価値があれば、「未成年者の税額控除」の適用が受けられます。

「未成年者の税額控除」には、

（1）日本国内に住所がある人
（2）20歳未満
（3）法定相続人

などの条件があります。

未成年者の税額控除の金額が、未成年者の相続税額より大きいため控除額が引き切れない場合は、未成年者の配偶者、直系血族及び兄弟などの相続税額から差し引くことができます。

また、国家錬金術師であるエドワードは、国家公務員であると考えられるため、給与所得者です。給与所得控除額の1／2を超える通勤費や研修費が控除できます。しかし、エドワードの機械鎧《オートメイル》（義手）の修理や交換は特定支出控除の対象となりませんので、機械鎧整備士のウィンリィ・ロックベルに支払った金額も控除できません。弟のアルフォンスは個人事業者と考えられますので、鎧の整備費や「真理の扉」を開くためにかかった費用は、錬金術師としての業務に関連する費用として、経費となります。

まとめ

若ければ若いほど、相続税が控除される。

if...

もし日本に税金がなく、学校に使われるお金が減ったら……②
時間割が、国数理バイト社。

養子を迎えて相続税を安くする

大物芸能人が、孫を養子にしたという報道を見ました。法律上の子どもを増やし、相続税額を抑えるのでしょう。しかし、そのような恣意的な節税は、無制限に認められているわけではありません。

Q42 『ママレード・ボーイ』より

主人公・小石川光希と松浦遊の両親は、お互いのパートナーを交換して6人での共同生活を送ることにした。小石川光希と松浦遊は、父親の戸籍にとどまり、それぞれの新しい母親とは養子縁組を結ぶことで合意した。この場合、松浦留美（旧姓小石川、光希の実母、遊の養母）が死亡した場合の法定相続人として正しいのはどれか。

① 松浦要士　小石川仁　小石川光希
② 松浦要士　小石川光希
③ 松浦要士　小石川光希　松浦遊
④ 須王銀太　秋月茗子　六反田務

『ママレード・ボーイ』（吉住渉）は、りぼんで1992年から1995年まで連載された少女漫画。両親がお互いのパートナーを交換して再婚することになり、突然一緒に暮らすことになった高校生・小石川光希と松浦遊の恋愛模様を描くラブストーリー。作中、松浦留美が死亡する描写はありませんが、いつか死亡すると想定して作問しました。なお、その後、描かれた続編については考慮していません。

A 正解は「③松浦要士　小石川光希　松浦遊」でした。

離婚した前夫・小石川仁は他人になりますので、法定相続人とはなりません。また、死亡時の夫である松浦要士は当然法定相続人となり、離婚しても親子関係はなくなりませんので、小石川光希も法定相続人、養子縁組を結んだ松浦遊も法定相続人となります。

養子縁組を結ぶことで法定相続人を増やすことができます。しかし、相続税を減らす目的で養子を増やすことのないように、制限が設けられています。

亡くなった人に実子がいる場合、法定相続人になれる養子の人数は1人、実子がいない場合でも2人となっています。

養子をそれ以上の人数迎えること自体は可能で、あくまで制限は法定相続人になれないというものです。

お金持ちの方がこの制度を利用して、お孫さんを養子にすることがあります。いわゆる「孫養子」というテクニックで、相続財産が膨大なので、2世代に渡って相続税を払うことを忌避して、孫に実子と同じように相続させ、可能な限り相続税の総額を減らすために行います。

また、特別養子縁組は、すべて法定相続人として扱われます。

まとめ

養子は最大で２人まで。実子がいれば１人まで。

if...

もし日本に税金がなく、学校に使われるお金が減ったら……②
義務教育が短い。

110万円を超えると贈与税がかかる

相続税に似ている税金に、贈与税があります。1年間に110万円を超える贈与を受けると、贈与税の確定申告が必要です。それでは、どんなものが贈与税の対象となるのでしょうか。現金以外も対象となるのでしょうか。

Q43 『ジョジョの奇妙な冒険』より

DIOからプッチ神父にプレゼントされた矢は、どのように取り扱われるか。

①贈与財産
②教会への寄付
③お中元
④無償の愛

『ジョジョの奇妙な冒険』（荒木飛呂彦）は、週刊少年ジャンプ、ウルトラジャンプで1987年から連載中のアクション・アドベンチャー漫画。ジョースター一族と、DIOやその後継者たちが繰り広げる戦いを描く群像劇。ジョジョ6部において、3部でDIOが復活した後の行動や生活が描かれました。教会で休んでいたDIOと出会ったプッチは、DIOから「矢」をプレゼントされました。矢には、才能のある者からスタンドという特殊能力を引き出す力があります。

正解は「①贈与財産」でした。

A

ＤＩＯから渡された矢は、プッチ神父の所属する教会などへの寄付ではなく、個人的なお礼と考えられます。よって、矢の価値とその年に贈与を受けた財産の合計が１１０万円を超えれば、贈与税の確定申告をして、贈与税を納める必要があります。

矢のスタンド能力を引き出すパワーは、それ単体で１１０万円以上の価値があると考えられますので、ほかに受け取った財産がなくとも確定申告が必要です。

また、ＤＩＯから受け取ったサバイバーの能力も、贈与財産となります。

贈与税は、1月から12月までの1年間で、個人から財産をもらったときにかかる税金です。

会社から財産をもらったときは贈与税ではなく、所得税がかかります。前述の一時所得です（Ｐ１１４参照）。

将来の相続財産を減らすために、毎年１１０万円ずつ、奥さんや子どもに現金を贈与する節税方法は一般的です。突発的な理由で命を落とすこともあります。若いうちからコツコツと贈与を続けましょう。

作中、ＤＩＯが労働を行っている様子はありませんが、多数のスタンド使いを高額な報酬で雇っていることからすると、豊富な資金があったものと考えられます。しかし、労働による収入があり、贈与を受けていたとしても、確定申告の必要はありません。20歳のとき「俺は人間をやめるぞ！ ジョジョーーーーッ!!」と言って石仮面をはめ、人間を超越した存在、吸血鬼になったＤＩＯには、日本の税法は適用されません。よって、確定申告も不要です。

また、海洋学者である空条承太郎が、杜王町滞在中に利用していた杜王グランドホテルへの支払いは、ヒトデの論文を書くための費用と考えられますので、経費になります。

まとめ

財産は、毎年110万円ずつあげると節税になる。

if...

もし日本に税金がなく、学校に使われるお金が減ったら……②
卒業文集の９割が広告。

離婚をして、もらった財産や慰謝料は税金がかからない

映画「マルサの女」で、権藤社長も「配偶者にお金を残したかったら離婚することだよ」みたいなことを言っていました。離婚は何十年も前から、ポピュラーな節税として認識されています。

Q44 『幽☆遊☆白書』より

浦飯幽助の母親、浦飯温子が離婚して元旦那から受け取った財産の取扱いとして、最も近いものを次の中から選びなさい。

① 贈与税がかかる
② 非課税
③ 贈与税は基本的にかからないが、かかる場合がある
④ 所得税がかかる

15歳のときに幽助を出産した浦飯温子、初登場時29歳。

A 正解は「③贈与税は基本的にかからないが、かかる場合がある」でした。

浦飯温子が離婚した際にどの程度の財産を受け取ったかは定かではありませんが、暮らしぶりを見る限り、多額の財産を受け取ったとは考えられませんので、贈与税はかかりません。

離婚後に慰謝料を受け取っていた場合、慰謝料はいわゆる「損害賠償金」に該当し、所得税の対象となりますが、こちらも非課税とされています。

離婚により財産をもらった場合、基本的に贈与税がかかることはありません。夫婦の財産の清算や生活保障のために受け取ったもので、贈与とはみなさないからです。

それでも課税されるのは次のケースです。

（1）結婚しているときの夫婦の協力によって得た財産
（2）その他すべての事情を考慮しても多過ぎる場合

（3）離婚が贈与税や相続税を免れるために行われたと認められる場合

また離婚で、現金ではなく土地や建物をあげたときは、あげた人に譲渡所得が発生します。その土地や建物を買ったときより、あげたときの時価が高ければ、所得税を納めることになります。

まとめ

多額でなく、ズルするためでないなら、離婚して財産を分けても贈与税はかからない。

if...

もし日本に税金がなく、学校に使われるお金が減ったら……②
身体測定は全部自己申告。

誕生日、お年玉、お歳暮、クリスマスプレゼントに贈与税はかかる？

世捨て人や偏屈者でない限り、家族、友人、知人に物やお金を贈る機会があると思います。そんなとき、贈与税のことを意識したことがあるでしょうか。プレゼントにも贈与税がかかるのでしょうか。

Q45

『まじかる☆タルるートくん』より

ある年、江戸城本丸が母方のじいちゃんからもらったお年玉は100万円、タルるートが、もらったお年玉は10万円、りあ・キナカーモがもらったお年玉は300万円だった。この中で、贈与税の対象となるのは、だれか。ただし、3人はこの年、お年玉以外お金や資産をもらわなかった。

①りあ・キナカーモ
②本丸、りあ・キナカーモ
③タルるート、本丸、りあ・キナカーモ
④非課税

江戸城本丸の母方の祖父は金持ちです。正月に本丸宅にやってきて、みんなにお年玉をくれました。じいちゃんは「最近の子どもは金持ち」と思っており、あげたお年玉は妥当な金額と考えていました。

正解は「④非課税」でした。 A

じいちゃんからもらったお年玉は、贈与税の控除金額110万円を超えていても、贈与税はかかりません。

じいちゃんは、江戸城本丸の2親等の血族であって、タルるートとりあ・キナカーモは血縁関係がありませんが、そのことは非課税かどうかに影響しません。

また、社会通念上相当な金額を超えている場合は、お年玉も贈与税の対象となりますが、じいちゃんの資産状況や、りあ・キナカーモの年齢などを考えると、非課税になると考えられます。

贈与税には、その財産の性質や贈与の目的などからみて、贈与税がかからないものがあります。

そのうちの1つに、**「個人から受ける香典、花輪代、年末年始の贈答、祝物又は見舞いなどのための金品で、社会通念上相当と認められるもの」**があります。

この中の「年末年始の贈答」にどこまで含まれるかは定かではありません。基本的に、お歳暮、お年玉、お年賀の贈り物は年末年始の贈答と扱って差し支えないと考えます。ここに、サンタさんからの贈答が含まれるのかは難しい問題です。

ホステスへのプレゼントならともかく、直系卑属、すなわち子や孫へのクリスマスプレゼントに贈与税がかけられたという話は聞いたことがありません。

しかし、「社会通念上相当」な金額を超えた場合は注意が必要です。

社会通念上相当とはいくらなのかも、具体的な金額が定められているわけではありません。そのときの情勢や環境などによって判断されます。

誕生日プレゼントは、通常の日常生活に必要な財や「祝物」に該当する場合は、贈与税がかかりません。

まとめ

社会通念上相当な金額であれば、贈与税はかからない。

if…

もし日本に税金がなく、学校に使われるお金が減ったら……②
教師が全員外国人労働者。

贈与税のかからないお金
結婚・子育て・教育・住宅

行政は鬼ではありません。その時勢に合わせた、減税や特例を用意してくれています。しかし、それらは学校でも会社でも町内の回覧板でも教えてくれません。知っている人しか活用できないのです。

Q46 『めぞん一刻』より

五代裕作は、音無響子と結婚するにあたって、祖母から結婚資金の贈与を受けた。特例を受けるための手続きを行って贈与を受けた場合、いくらまで非課税となるか。

① 700万円
② 1000万円
③ 1500万円
④ 非課税にならない

五代裕作が実家に、響子を連れて挨拶に行くと、祖母に結婚資金を準備しているか確認されました。「少しは……」と答えると、祖母は印鑑と通帳をすっと差し出してくれました。

A 正解は「② 1000万円」でした。

五代裕作は、五代響子を連れて実家に挨拶に帰った際に、祖母から「結婚資金あるのか?」と尋ねられ、印鑑と通帳を受け取りました。

このように結婚・子育て資金として贈与を受けた場合、手続きを踏めば1000万円までは非課税となります。

仮に1000万円もらったとすると、結婚資金として使用できるのは300万円まで、残りは娘・春香の子育て資金として使うことになります。

贈与税には、親やおじいちゃん・おばあちゃんといった直系尊属からお金をもらっても非課税となる特例が3つあります。

それぞれ銀行に口座を開いたり、使用目的が決まっていたり、限度額があったりしますが、知っている人だけが活用できますので、この機会に認識していただいて、機会が訪れたときに詳しく調べていただければと思います。本書では、概要を解説します。

図表17　非課税贈与の限度額と使用範囲

結婚・子育て資金の一括贈与

限度額1,000万円

⑴結婚（300万円が限度）

挙式費用、衣装代等の結婚披露費用、家賃、敷金等の新居費用、転居費用

⑵妊娠、出産及び育児

教育資金の一括贈与

限度額1,500万円

入学金、授業料、入園料、入園・入学のための検定料、学用品の購入費、修学旅行費、給食費、施設の使用料、スポーツや文化芸術に関する活動の指導の費用、通学定期券代、留学の費用

住宅取得等資金の贈与を受けた場合

限度額　省エネ等住宅1,200万円まで
その他の住宅700万円まで

お金を受け取る人の条件

- 20歳以上
- 贈与を受けた年の所得が2,000万円以下
- もらったらすぐ使って、すぐ住む

まとめ

結婚1,000万円、教育1,500万円、住宅1,200万円まで非課税。特例を受けるときは条件を調べよう。

if...

もし日本に税金がなく、学校に使われるお金が減ったら……②
卒業証書が首席以外はコピー。

対税務調査に役立つ知識集⑤

国税局の上司の金言ベスト3

僕が国税局時代に上司に言われた金言は、今でも鮮明に覚えています。

3位

「泣いても気にしちゃいけないものが3つある。赤ちゃんと全米、そして、納税者だ」

納税者が泣いて許しを請い、心が揺れていた僕を見ての発言です。日常的に泣く赤子、映画を見て泣く全米と同じように、納税者の涙にいちいち動揺してはいけないという教えです。

2位

「絞れ、絞れ、納税者だと思って絞れ」

仕事の後に居酒屋に行き、経験不足から上司の注文したグレープフルーツサワーのグレープフルーツを上手に絞れない様子を見ての発言です。これを機に、限界まで絞るようになりました。

1位

「パンチは避けろ、バットも避けろ、日本刀は逃げろ」

税務調査は何があっても投げ出してはいけない、納税者がどんなに怒って手を出してきても、命の危険を感じるまでは税務調査を続けろという教えです。

第 6 章

知っておきたい消費税と税金の法律の話

なぜ、家賃には消費税がかからない？

マンションや家を借りたとき、賃料には、消費税がかかりません。レンタカーやレンタルDVDには消費税がかかるのに、家にはかからないのには理由がありました。

Q47 『借りぐらしのアリエッティ』より

小人たちに有料で住宅を貸した場合、消費税が非課税にならないのは次のうちどれか。

ただし、小人のアリエッティ、ホミリー、ポッドは人間と同じように取扱うこととする。

① 家賃
② 敷金
③ 礼金
④ 仲介手数料

『借りぐらしのアリエッティ』（監督・米林宏昌）は、2010年に公開されたスタジオジブリ制作のアニメ映画。小人の少女・アリエッティと人間の少年・翔の交流を描く物語。小人たちは、人間の家にこっそりひっそり住んでいました。ホミリーはアリエッティの母親、ポッドは父親です。

正解は「④仲介手数料」でした。A

ただし、小人たちにウイークリーマンションとして貸した場合は、家賃や敷金・礼金の消費税も非課税となりません。

消費税法で、住宅の貸付けは、非課税とされています。これには、家賃のほか、敷金、保証金、共益費を含みます。

非課税になる住宅や設備の条件は次の通りです。

(1)「住宅」に含まれるもの

一戸建て、マンション、アパート、社宅、寮

(2)設備

庭、塀、給排水施設、家具、じゅうたん、照明設備、冷暖房設備

(3)条件付きで非課税になるもの

●**駐車場**：一戸当たり1台分以上の駐車スペースが確保されており、かつ、自動車の保有の有無にかかわらず割り当てられていて、家賃とは別に駐車場代がかからな

い場合

●**プール、ジム、温泉を備えた住宅**：居住者のみが使用でき、家賃とは別に利用料がかからない場合

また、貸付期間が1ヶ月未満の場合や旅館、ホテル、貸別荘、リゾートマンション、ウイークリーマンションは、その利用期間が1ヶ月以上となる場合であっても、非課税とはなりません。

また、居住用のマンションを事務所として貸し付ける場合も、非課税となりません。

契約書では住居となっているにも関わらず、住人が事務所として使っていた場合は、住居として扱われ非課税になると考えられます。

まとめ

消費税法で、「住宅の貸付は非課税」とされている。

if...

もし日本に税金がなく、学校に使われるお金が減ったら……②
パン食い競走はパンの耳。

知っておけば安く買える軽減税率のテクニック

2019年の10月より消費税が10％になると、一部のモノに消費税率8％で買える「軽減税率」が導入されます。物品ごとに定められていますが、知っておけば、確実に2％得をするテクニックがあります。

Q48 『ONE PIECE』より

『ONE PIECE』の世界で購入できるもののうち、軽減税率で消費税が8％になるものは次のうちどれか。

① 海上レストランバラティエでの食事
② 世界経済新聞の購読（1回）
③ ロロノア・ゾロの酒代
④ ウォーターセブンの屋台での水水肉の購入

海上レストランバラティエは麦わらの一味のサンジが勤めていたレストラン、世界経済新聞は作中に登場する新聞、ロロノア・ゾロは酒豪で、水水肉は水の都・ウォーターセブンで売られている食品です。

A

正解は
「④ウォーターセブンの屋台での水水肉の購入」
でした。

軽減税率で8％となるのは、飲食料品のうち、酒と外食以外です。

ゼフがオーナー兼料理長を務めるバラティエでの食事やロロノア・ゾロの酒代は10％となります。

屋台のような、いわゆる「テイクアウト」に該当するものは、軽減税率8％が適用されますので、水水肉は8％となります。

世界経済新聞は、定期購読であれば消費税8％で購入できます。

消費増税後も、低所得者への配慮の観点から一部の品目は8％のままとなります。僕が「低所得者への配慮」と推察したわけではなく、国税庁がそのようにいっています。

軽減税率の対象となるのは飲食料品と新聞です。

この飲食料品とは、酒以外の食品で、外食やケータリングは含まれません。また、新聞は、定期購読契約に基づく週2回以上発行されるものに限ります。

ファーストフードのように、会計時にテイクアウトとイートインを選択できる場合、テイクアウトを選択し、店内で食べれば、軽減税率の適用を受けながら外食をすることができます。この問題については、現段階で解決方法はなく、納税者の行動に委ねられることとなります。

また、近年増えつつある、コンビニのイートインでの軽減税率の適用については、税務署の軽減税率の研修でも言及されませんでした。コンビニは、そもそもが店内での飲食を想定していない営業形態ですので、イートインかテイクアウトかを確認せず、すべての飲食品が軽減税率の８％で販売されるものと考えられます。

まとめ

持ち帰りは８％　店内でお召し上がりは10%。

if...

もし日本に税金がなく、学校に使われるお金が減ったら……②
理科室の水が弱い。

最大50％消費税で得をする職業がある

会社員の方には知られていませんが、法人や個人事業者は消費税を納める義務があります。業種や職業によって納税額が異なりますので、税務調査は職業の判定が問題になることがあります。

Q49 『ドラゴンボール』より

ベジータの職業は、次のうちどれか。ただし、地球襲来以前を判定の基礎とし、売上は5000万ゼニー以下であった。

① 清掃業
② 不動産業
③ 貿易
④ 格闘家

サイヤ人の職業については、ラディッツが述べていました。

A 正解は「②不動産業」でした。

サイヤ人は「環境のよい星を探し、そこに住む者を絶滅させてから適当な星を求めている異星人たちに高く売るのが仕事」とありますので、不動産業となります。消費税の簡易課税制度を利用する場合は、第6種事業に該当、課税仕入れは40%となります。

会社員の方にはあまり馴染みがありませんが、**個人事業者や法人は、消費税の確定申告をして納税する必要があります。** 納税額には、売上と経費の金額が関係しますが、その計算は複雑です。しかし、2年前の売上が5000万円以下で、届出書を提出していると、複雑な計算をすることなく簡易課税制度の適用を受けることができます。この制度は、売上の一定割合をみなし仕入率として、消費税額を計算するものです。

▼事業ごとのみなし仕入率

第一種事業（卸売業）90%
第二種事業（小売業）80%
第三種事業（製造業等）70%

第四種事業（その他の事業）60％
第五種事業（サービス業等）50％
第六種事業（不動産業）40％

みなし仕入率が高いほうが納める消費税は少なくなります。

不動産業は40％、卸売業は90％と最大50％の差があり、売上が一緒でも業種によって納税額が異なります。

まとめ

卸売業が納める消費税が一番少なくなる。

if...

もし日本に税金がなく、学校に使われるお金が減ったら……②
紅組だけの運動会。

免税を利用すれば消費税を払わなくていい

消費税には免税取引があります。文字通り、ものを買ったり、サービスを受けたりしたときに消費税を払わなくていい取引です。どんな場合に免税となるのでしょうか。

Q50 『こちら葛飾区亀有公園前派出所』より

両津勘吉が行った事業のうち、一般的に消費税の対象とならない取引はどれか。

① 鍋、釜の修理
② お笑い芸人
③ 香港で拾った石の販売
④ 綿菓子屋のフランチャイズ化

両津勘吉は、作中でさまざまなビジネスを行いました。手先の器用さを活かして交番勤務中に鍋を修理したり、芸人になったり、香港に行って拾った石を売ったり、露天の綿菓子屋をフランチャイズ化したりしました。

A 正解は「③香港で拾った石の販売」でした。

日本で物を販売すると消費税がかかります。しかし、外国で消費されるものには日本の消費税はかかりません。日本人が海外で物を販売しても、日本の消費税はかからないのです。また、香港には消費税がありませんので、香港で物を売っても消費税はかかりません。

消費税について難しく言うと、日本国内で事業者が事業として対価を得て行う資産の譲渡、貸付け及び役務の提供と外国貨物の引取りにかかります。つまり、物を売ったり、レンタルしたり、サービスを提供したりすると消費税がかかります。

消費税を免除される「免税取引」は、商品の輸出や国際輸送、外国にある事業者に対するサービスの提供といった輸出類似取引です。

街で見かける「TAX FREE」と「DUTY FREE」の違いも知っておきましょう。

TAX FREE
【免税対象】消費税
【場所】日本国内のあちこち
【主な対象者】外国人旅行者

DUTY FREE
【免税対象】消費税、関税、たばこ税、酒税
【場所】空港の出国手続き後のエリア
【主な対象者】日本から出て行く人

まとめ

日本で取引した物にのみ消費税がかかる。

if...

もし日本に税金がなく、学校に使われるお金が減ったら……②
水泳部は主に家の風呂場で活動。

忘れると罰金
お金の貸し借りには
印紙が必要

お金の貸し借りをするとき、金額が大きければ、借用書や金銭消費貸借契約書を作成します。そのような書類を作成すると、印紙を貼らなければいけません。

Q51

『賭博破戒録カイジ』より

パチンコ「沼」にて、金貸し・遠藤がカイジに利息10分3割で貸した1000万円の「金銭借用証書」には、印紙税法上、いくらの印紙を貼るべきか。

① 200円
② 1万円
③ 課税文書に該当しない
④ 1万ペリカ

一玉4000円のパチンコ「沼」に挑戦したカイジは、資金がつき、金利を確認せずにお金を借りました。最終的には大当たりを出し、出玉を換金した金額は7億2910万円になりました。

正解は「②1万円」でした。A

遠藤とカイジの作成した金銭借用証書は印紙税法上の第一号文書に該当します。第一号文書には不動産売買契約書、土地賃貸借契約書などがあり、契約金額によって200円～60万円の印紙を貼らなければいけません。

500万円を超え1000万円以下の金銭借用証書は、印紙税1万円を貼ることとなっています。

なお、印紙を貼っていませんので、文書の作成者である遠藤とカイジは、納付すべき印紙税を納付しなかったものとして、3倍の過怠税《かたいぜい》、つまり3万円を徴収されることとなります。

印紙税が課税されるのは、印紙税法で定められた課税文書だけです。どんなものが課税文書になるかは説明が難しいのですが「印紙税法別表第一」という表があって、その表に載っているものです。主なものは、領収証とか契約書です。

印紙税の納付は、収入印紙を書類に貼り付けると終わります。このとき、切手を使うと郵便局の人が消印を押すように、印紙にもはんこや署名で消印を押します。

印紙税を納付しないと罰があります。納付すべき印紙税の額の3倍に相当する過怠税の徴収です。

ただし、税務調査を受ける前に、自主的に申し出たときは1.1倍に軽減されます。

また、書類に印紙を貼ったけど消印しなかった場合は、印紙の額面に相当する金額の過怠税が徴収されます。

まとめ

契約書を書いたら印紙を貼る。

if...

もし日本に税金がなく、学校に使われるお金が減ったら……②
社会科見学が職員室。

逮捕される可能性アリ
お店でサングリアを作ると
酒税法違反

飲食店で「自家製サングリア」というメニューを見かけることがあります。本当にお店で作っているのなら、酒税法違反になります。酒税法には、意外と知られていない決まりがいくつもあるのです。

Q52 『こちら葛飾区亀有公園前派出所』より

両津勘吉は、酢を作っていると偽ってブレンド米による日本酒の製造を行いました。寮や派出所裏の公園のトイレで製造後に、販売して買った人に渡すと、酒税が課せられます。両津勘吉が行なった販売以外の行為のうち、酒税が課せられるのはどれか。

① 日本酒を作った
② 日本酒を飲んだ
③ 浴槽に日本酒を入れて風呂に入った
④ 「地面にビールを撒く会」の会長としてビールを撒いた

ブレンド米を大量に手に入れた両津勘吉は、警察の寮や派出所の裏の公園のトイレで酒を作ることにしました。

正解は「②日本酒を飲んだ」でした。

A

酒は、製造上から移動させたときに課税の対象となります。移動は、酒を動かすだけではなく、製造上で飲んでしまった場合も含みます。よって、両津勘吉が日本酒を飲むと酒税が課せられます。

（補足：ブレンド米で作った密造酒の製造、販売は違法です。免許を受けないで酒類の製造を行った場合には10年以下の懲役又は100万円以下の罰金に処せられることがあります）

酒類を製造する場合には、酒税法に基づき、所轄税務署長から製造免許を受ける必要があります。

製造免許を受けるためには、税務署に製造免許の申請書を提出しなければなりません。税務署では、申請者の法律の遵守状況や経営の基礎の状況、製造技術能力、製造設備の状況、1年間の製造見込数量が一定の数量に達しているかどうかを審査します。

一般的に自宅で焼酎に梅や砂糖を漬けて、梅酒を作る行為は、新たに酒類を製造したものとみなされます。よって、酒の製造とみなされ、免許がなければ、酒税法違反となります。しかし、あなたが自分で飲むために特定のもの（米、麦、あわ、とうもろこし、ぶどうなど）以外を混ぜる場合には、例外的に製造行為になりません。なお、作った梅酒を販売してはいけません。

サングリアのように、ワインに果物を漬ける行為は、酒の製造にあたり、免許がなければ、酒税法違反になります。飲食店が、酒の製造免許を保有しているとは考えづらいので、ほとんどの店の「自家製サングリア」は酒税法違反、あるいは、販売されている大手メーカーのものを提供しているものと考えられます。

まとめ

ほとんどのサングリアは酒税法違反だが、見逃されている。

if...

もし日本に税金がなく、学校に使われるお金が減ったら……②
自習6年。

さんきゅう倉田による用語解説

本書で登場した税金の用語を、簡単な言葉で2ページにまとめました。本書を読んでいてわからない言葉があったときや税金の本を読むときにご活用ください。

課税…税金をかけること。

非課税…税金をかけないこと。

不課税…税金がかからないこと。

所得…収入―経費。

源泉徴収…所得税を天引きすること。

生計を一にする…家族で財布を一緒にして生活すること。

累進課税…金額が上がると、税率が増えていくシステム。

役務の提供…物を運んだり、漫才を見せたり、占ったりといったサービス全般。

資産の譲渡…物を売ること。

減価償却…買ったときの経費にせず、使用期間に合わせて少しずつ経費にすること。何年かに渡って使用するものは、何年かに渡って経費にするのが合理的であると考えられています。

耐用年数…法律によって定められた減価償却の年数。資産によって、年数が違う。

TAX FREE…消費税の免税。

DUTY FREE…消費税・関税・たばこ税・酒税の免税。

資本的支出…機械や建物などの修理&改良のためにお金を出したとき、その機械や建物の価値が高まったり、耐久性が増したりしたら、資本的支出になります。資本的支出になると、すぐに経費にできず、減価償却することになります。

修繕費…機械や建物などの修理&改良のためにお金を出したとき、維持管理、又は原状を回復するためなら、修繕費になります。その年の経費にできます。

あとがき

２００９年5月に東京国税局を退職した。

それ以来、「どうして国税局を辞めて芸人になったのか」と２０００回ほど尋ねられた。その度に、さまざまな回答をしてきたが、質問した人に共通して言えるのは、国家公務員を辞めて芸人という不安定な職業に就くことへの合理的な理由が見つからないことだ。

毎年、数千人が各事務所にある養成所の門を叩く。養成所を卒業し、芸人になったほとんどの人間が、芸人を辞めるまでアルバイトをし続ける。30歳を過ぎて、毎月15万円の賃金で生き続ける。

芸人を辞めて、就職すれば、安定した生活が待っているだろう。でも、辞めない。

それはきっと、**永遠に楽しい**からだ。

21歳のとき、村上龍さんの小説に出会って、本を読むことに目覚めた。それからひたすらに読み続けた。

小学校の頃から、作文は好きだったから、いつかは本を出したいと考えるようになった。本を出して、自分の文章を否定した人間を、後悔させたいと思った。

そのような相手は2人いて、大学受験のとき、AO入試のための作文を添削した予備校の講師と、国税局に入ってから国税局の仕事について書いた作文を添削した統括官だ。

彼らがどの程度本を読むのかは知らないが、添削した文章からすると、ほとんど読まないことがわかる。他人の文章を直すなんて、なんて烏滸《おこ》がましい。

改悪された文章の周囲からの評価は、僕の印象を悪くするのに十分だった。彼らを後悔させせ、反省させせたい。

一番いいのは、小説を出して、それが売れることだが、そこまでの力は自分にはない。

だから、この本を出す機会を頂いたことに感謝しています。

総合法令出版の尾澤さん、よしもと興業出版部の南百瀬さん、ありがとうございました。

さんきゅう倉田

◆著者紹介◆

さんきゅう倉田（さんきゅうくらた）

お笑い芸人。ファイナンシャルプランナー。

1985年、神奈川県生まれ。

大学卒業後、東京国税局を経て、よしもとクリエイティブ・エージェンシーで芸人になる。

国税局では主に法人税の税務調査を担当。

好きな言葉は「増税」。

ブックデザイン／二ノ宮匡（nixinc）
DTP・図表制作／横内俊彦

元国税局芸人が教える
読めば必ず得する税金の話

2017年12月24日　初版発行
2019年1月24日　3刷発行

著　者　さんきゅう倉田
発行者　野村直克
発行所　総合法令出版株式会社
〒103-0001 東京都中央区日本橋小伝馬町15-18
ユニゾ小伝馬町ビル9階
電話　03-5623-5121
印刷・製本　中央精版印刷株式会社

ISBN 978-4-86280-593-5
総合法令出版ホームページ　http://www.horei.com/